Guilherme Castelo Branco

Michel Foucault:
filosofia e biopolítica

1ª reimpressão

ESTUDOS FOUCAULTIANOS

autêntica

Copyright © 2015 Guilherme Castelo Branco
Copyright © 2015 Autêntica Editora

Todos os direitos reservados pela Autêntica Editora. Nenhuma parte desta publicação poderá ser reproduzida, seja por meios mecânicos, eletrônicos ou em cópia reprográfica, sem a autorização prévia da Editora.

COORDENADOR DA COLEÇÃO
ESTUDOS FOUCAULTIANOS
Alfredo Veiga-Neto

CONSELHO EDITORIAL DA COLEÇÃO ESTUDOS FOUCAULTIANOS
*Alfredo Veiga-Neto (UFRGS);
Walter Omar Kohan (UERJ); Durval Albuquerque Jr. (UFRN); Guilherme Castelo Branco (UFRJ); Sílvio Gadelha (UFC); Jorge Larrosa (Univ. Barcelona); Margareth Rago (Unicamp); Vera Portocarrero (UERJ)*

EDITORA RESPONSÁVEL
Rejane Dias

EDITORA ASSISTENTE
Cecília Martins

REVISÃO
*Lira Córdova
Priscila Justina*

DIAGRAMAÇÃO
Jairo Alvarenga Fonseca

CAPA
*Carol Oliveira
(Sobre fotografia do Exército Americano - Domínio Público - Soldados do Forte Riley, Kansas, com gripe Espanhola na enfermaria do Acampamento Funston)*

Dados Internacionais de Catalogação na Publicação (CIP)
(Câmara Brasileira do Livro, SP, Brasil)

Castelo Branco, Guilherme
   Michel Foucault : filosofia e biopolítica / Guilherme Castelo Branco. 1. ed.; 1. reimp. -- Belo Horizonte : Autêntica Editora, 2019. -- (Coleção Estudos Foucaultianos)

   Bibliografia.
   ISBN 978-85-8217-474-6

   1. Filosofia francesa 2. Foucault, Michel, 1926-1984 - Crítica e interpretação I. Título.

15-00886   CDD-194

Índices para catálogo sistemático:
1. Filosofia francesa   194

Belo Horizonte
Rua Carlos Turner, 420
Silveira . 31140-520
Belo Horizonte . MG
Tel.: (55 31) 3465 4500

São Paulo
Av. Paulista, 2.073, Conjunto Nacional, Horsa I
23º andar . Conj. 2310-2312
Cerqueira César . 01311-940 São Paulo . SP
Tel.: (55 11) 3034 4468

www.grupoautentica.com.br

Para Lucrecia, Clarice e Vinicius.

Sumário

9 **Prefácio**
Edson Passetti

21 **Introdução**

23 **PARTE I Filosofia**

25 Anti-humanismo e novas teorias do sujeito na modernidade

37 Agonística, política e liberdade no "último Foucault"

43 Subjetividade e relações de poder

49 Kant no último Foucault: liberdade e política

55 Kant-Foucault: autonomia e analítica da finitude

65 Agonística e palavra

69 **PARTE II Biopolítica**

71 Governamentalidade e excessos do poder

79 O controle da família: a ilusão da vida privada

91 Michel Foucault, a antipsiquiatria, a psiquiatria

101 A seguridade social em Michel Foucault

111 **As potências da liberdade**

119 **O autor**

Prefácio

Edson Passetti[1]

Parônimos

Um livro é muito mais do que o paciente e longo trabalho sobre os encontros e as transformações que cada um passa em sua vida. Essa leitura do jeito de se fazer um livro não é muito comum, nem entre os literatos, os redatores de *best-sellers*, nem mesmo entre os filósofos. Na era de comunicação constante em que os mediadores ganham a cena e disputam protagonismos, fazer do precioso tempo um denso exercício sobre si e sobre a vida é o que escapa na era das imagens, das poucas palavras ocas, das frases codificadas no conforto da internet e também nas intrincadas reflexões filológicas.

Para ser sério não é necessário derrubar palavras sobre inúmeras páginas. Guilherme Castelo Branco é um filósofo de poucas e certeiras palavras, conhece seu tempo e escreve para as pessoas que resistem na chama da revolta. Sabe ser rápido e conciso sem a ligeireza dos ideólogos e traz um ardoroso Michel Foucault para ser habitado pelo leitor. Um livro intenso deve nos tragar para seu interior e dele nos expelir como fumaça que anuncia novas comunicações; algo como a linguagem de indígenas que escrevem nos céus as informações urgentes e imprescindíveis que dizem respeito à existência e como nos acautelar da cavalaria inimiga. Ao leitor, segue *Filosofia e biopolítica*, mas que poderia se chamar "Desafiando a filosofia". Como escreveu o poeta René Char, "em meu país se agradece".

---

[1] Edson Passetti é professor livre-docente no Departamento de Política e no Programa de Estudos Pós-Graduados em Ciências Sociais da PUC-SP. Coordena o Núcleo de Sociabilidade Libertária (Nu-Sol), integra as editorias das revistas *verve* e *Ecopolítica* e coordenou o Projeto Temático Fapesp "Ecopolítica, governamentalidade planetária, novas institucionalizações e resistências na sociedade de controle". <www.nu-sol.org> e <www.pucsp.br/ecopolitica>.

Variações ecopolíticas

Uma coisa é biopolítica, controle da espécie, outra é ecopolítica, controle do planeta. Foucault gostava de inventar palavras acoplando designações.

Um animal político aristotélico depende da política para sobreviver. Trata-se de um corpo racional governado não só pelos efeitos de soberania, mas pelas diversas maneiras de governar a si e aos outros que distinguem, de imediato, quem governa e quem está disponível a ser governado; quem é rebanho e quem se revolta diante do pastor; quais os modos liberais de modernamente governamentalizar a população e como é o revestimento pela racionalidade neoliberal; e se quiserem - como o socialismo autoritário também governamentalizou *sua* população.

Há em Foucault uma inquietação histórico-política com o que estava desaparecendo e cedendo lugar a algo novo, que por vezes chamou de sociedade de segurança. Relendo Foucault após sua morte, Gilles Deleuze[2] deu um passo adiante na constatação de Foucault relativa à predominância dos dispositivos de segurança, situando o que chamou de sociedade de controles.[3] Esse passo a passo analítico e inovador – que situava as novas produções de verdades, as lutas sociais na produção dos enunciados, as surpresas decorrentes do fim do socialismo, a que Foucault não assistiu, mas aos quais se atirou no redemoinho que lhe antecedeu – e que exige dos pesquisadores uma perspectiva diferenciada para a biopolítica.

Os marxistas[4] foram ágeis para produzir a dicotomia biopoder/biopolítica, relacionada à soberania e à eventual resistência da multidão. Giorgio Agamben também tratou de diferenciar *zoé* de *bíos* para esclarecer os limites da biopolítica nazista e os dispositivos emergentes na atual sociedade, levando a termos o ingovernável como princípio da política contemporânea.[5] Seja pela captura marxista do conceito de biopolítica, seja pelo exercício filosófico-político de Agamben, uma mudança significativa ocorreu na biopolítica.

Governar a espécie passou por novas incursões. Ainda que Edgardo Castro[6] tenha mostrado com clareza os restritos usos do conceito de

---

[2] DELEUZE, Gilles. *Foucault*. Tradução de Claudia Sant'Anna Martins. São Paulo: Brasiliense, 1988.

[3] DELEUZE, Gilles. *Conversações*. Tradução de Peter Pál Pelbart. São Paulo: 34 Letras, 1994.

[4] NEGRI, Antonio; HARDT, Michael. *Império*. Tradução de Berilo Vargas. Rio de Janeiro: Record, 2001 e *Multidão*. Tradução de Clóvis Marques. Rio de Janeiro: Record, 2005.

[5] Em especial: AGAMBEN, Giorgio. *O que é o contemporâneo? e outros ensaios*. Tradução de Vinicius N. Honesko. Chapecó: Argos, 2009.

[6] CASTRO, Edgardo. *Lecturas foucaultenas. Una historia conceptual de la biopolítica*. La Plata: Unipe, Editora Universitaria, 2011.

biopolítica em Foucault, a procedência em Jacques de Mahieu[7] relacionada à raça, etnias e degenerações, e os desdobramentos seguintes, principalmente com Roberto Espósito,[8] sobre a questão do animal e do corpo, passaram por novas reflexões. Talvez a mais importante delas tenha sido a contribuição de Gilbert Simondon[9] a respeito do corpo como carne sanguinolenta e é possível que essa questão seja a mais pertinente neste momento. Para se discutir os novos contornos biopolíticos na sociedade de segurança ou de controles e principalmente para compreendermos o que esta sociedade atual exige dessa carne sanguinolenta.

Se biopolítica e disciplina compunham um duplo no governo da vida da espécie em seus *meios* e extração de utilidade e docilidade dos corpos como força de trabalho real ou potencial em espaços delimitados, esse corpo como carne sanguinolenta agora é exigido como extração de inteligência e produção de inovação, como capital humano, em escala planetária; um corpo revestido de cicatrizes apagadas por plásticas e poções de remoçamento. A racionalidade neoliberal redimensionou pelo planeta o *homo oeconomicus* e o sujeito de direito, segundo ambientes possíveis, simulados e compartilháveis. O vivo biológico relacionado à continuidade da espécie, suas seguridades, segurança e circulação deixa de ser alvo das políticas compensatórias de Estado para se tornar risco do capital humano. Uma nova subjetividade se constituiu, não mais em função de poder e resistências que poderiam assumir a conformação revolucionária, mas voltada para moderação segundo o governo de si e dos outros, como modo de controle democrático que atravessa as relações de cima para baixo, entre os de baixo e os de baixo para cima. Portanto, são novas relações de poder nas quais está em jogo a conservação do planeta, a persistência e a continuidade do capitalismo como fim da história e sua própria utopia, o governo dos viventes humanos e animais, flora e fauna, rios e oceanos, minerais e sequenciamentos proteicos, desertos e florestas, paisagens, meio social, ares e espaço sideral.

O vivo humano depende de um reordenamento planetário, político e econômico, cultural e social, psicológico e neurológico, químico e físico, onde está em questão a vida do *animal político* em função de *melhorias* a serem atingidas para um maior conforto para as *futuras gerações*. A

---

[7] DE MAHIEU, Jacques. *Précis de biopolitique*. Montréal: Éditions Celtiques, 1969. Disponível em: <http://www.histoireebook.com/index.php?post/2012/04/13/De-Mahieu-Jacques-Precis-de-biopolitique>. Acesso em: 18 jun. 2013.

[8] ESPÓSITO, Roberto. *Bíos. Biopolitics and Philosophy*. London/Minneapolis: University of Minesota Press, 2008.

[9] SIMODON, Gilbert. *L'individu et sa genèse physico-biologique*. Paris: J. Millon, 1995.

racionalidade neoliberal introduziu os cuidados ecológicos e o modo sustentável de governar pessoas, paisagens, recursos naturais, situações de pobreza e miséria, implementando a dimensão participativa na vida de cada um. Muito mais do que uma democracia representativa e participativa, ecumênica, ecológica, zelosa e pacificadora, exige-se que cada gesto, decisão, mobilização, movimentação regular, seja passível de controle a todos em volta e a nós mesmos, de monitoramento.

Não se trata tão somente de uma guinada aos cuidados de si, o que seria libertário e contundente, próprio da revolta, mas principalmente do controle de si e dos outros como imobilização de resistências. Determina-se que cada um se transforme em protagonista resiliente.[10] É uma conformação da moral que requer subjetividades móveis, direitos amplos, participação constante. A biopolítica não *cuida* mais somente do direito de causar a vida ou deixar morrer, nem mesmo de definir quem deve viver e quem deve morrer, como no nazismo, mas ela trata do que deve permanecer vivo, do que pode ser extraído do quase morto para se tornar capital humano e à ecopolítica cabe governar a vida dos humanos conectada à dos demais seres. Injeta-se no humano a possibilidade de permanecer vivo produzindo situações de compartilhamentos entre ambientes. Portanto, não se trata mais da situação do Império, em que predominam as bordas, ou do Estado moderno, onde prevalecem as fronteiras. Os ambientes que se recompõem como amebas e como tal o interesse sobre o vivo cada vez mais exige nanotecnologia para melhor caracterizar o interior e o exterior, situando a ultrapassagem das relações entre o dentro e o fora: trata-se de compartilhar, de compartilhar em ambientes.

O alvo não é somente a população. Isso faz com que a biopolítica ceda lugar ao novo alvo: o planeta em conservação sob o governo ecopolítico. Se na música passamos pelas variações improvisadas clássicas ou jazzísticas que produzem suas variantes sobre um tema perseguindo um cânone, na sociedade de controle ou de segurança apenas se espera uma resposta imediata sem o tempo necessário para a preparação, pois tudo deve ser organizado prontamente, escorado em citações, invocando simulacros, efetivando simulações e dissimulações, traçando a nova configuração de forças segundo uma ordem a ser respeitada e seguida em função de inovações para *melhorias*. A ecopolítica nos dispõe no campo extenso e inclusivo dos arranjos e das acomodações ambientais, democráticos e sustentáveis.

---

[10] OLIVEIRA, Salete. Política e resiliência – apaziguamentos distendidos. *Revista Ecopolítica*, São Paulo, PUC-SP, v. 4, p. 105-129, 2012. Disponível em: <http://revistas.pucsp.br/index.php/ecopolitica/article/view/13067/9568>. Acesso em: 18 jun. 2013.

Dissonâncias

É preciso desafinar para que o coro se assuste; é preciso enfrentar a condição solitária e superior do desafinado em cujo peito também bate um coração[11] e ser simples.

Diante de tanta amorosidade disseminada pela sociedade de controle ou de segurança, todos os corações devem bater no ritmo da satisfação obtida e a ser distendida com eficiência e eficácia. Espera-se que entre os desafinados também bata um coração pluralista, de cores, desejos e preferências variadas, mantido nos solavancos, revascularizado ou não, aberto ao que de melhor podemos crer com religiões pacificadas, confrontos amortizados por mediações e tornados conflitos institucionalizados, corpo governado por médicos, psi (cólogos, canalistas, quiatras), pastores, políticos, empresários, chefes e chefetes, como corpo social assegurado pela polícia, as forças armadas e as seguradoras. Mas aí não seria mais desafinar, ou seja, um estranho jeito de cantar que fere os ouvidos educados em padrões estéticos consagrados e convencionais.

As reviravoltas capitalistas propostas a partir do Clube de Roma,[12] voltadas para a sustentabilidade, conheceram sua formatação exemplar com o Relatório Brundtland, "Nosso futuro comum", patrocinado pela ONU e publicado em 1988. O planeta definitivamente se inscreve no governo da vida. Natureza e cultura são reconectadas em fluxos embaralhados. Não se trata mais da subordinação da natureza à cultura, mas ao *como* o capitalismo pode se perpetuar a partir de outra dinâmica que valorize e efetive os cuidados com o planeta, os seres vivos e em sua dimensão sideral. A vida dos homens na Terra passou a ser compreendida como vida dos seres vivos no planeta e conectada com os avanços obtidos pelas expedições extraplanetárias. As repercussões da exploração do espaço apresentam dois contornos nítidos: de um lado, descobrir vida correlacionada ao humano no universo em expansão e, ao mesmo tempo, exercitar controles sobre o ambiente, entendido agora como espaços de trânsito contínuos de pessoas produzindo relações; de outro

---

[11] Também já se disse assim: "What would you think if I sang out of tune? Would you stand up and walk out on me? Lend me your ears and I'll sing you a song, And I'll try not to sing out of key. Oh, I get by with a little help from my friends". ("With a little help from my friends", John Lennon).

[12] Criado em 1968 e composto por cientistas, empresários e políticos, divulgou em 1972 o relatório emblemático intitulado "Os limites do crescimento", que teria grande repercussão no mesmo ano na Conferência das Nações Unidas sobre o Ambiente Humano, conhecida como Conferência de Estocolmo.

lado, absorver na economia política a produção de bens,[13] controles de saúde do corpo com aperfeiçoamentos de exames de mapeamentos de sintomas testados regularmente.[14]

Avarias

O direito moderno deriva das lutas pela vida e expressa os resultados desses embates que situam as relações agônicas de poder. Tais embates estão revestidos de repressão e convencimentos que repercutem em certo domínio. Por conseguinte, eles não cessam.

A luta pela vida não cessa. As traduções modernas dos direitos encontram a lei, seja pela via da prevenção geral ou, mais recentemente, por sua continuidade combinada à precaução urdida no interior do amplo escopo do discurso da sustentabilidade e do desenvolvimento sustentável. Configuram-se situações de vulnerabilidades e de qualidade de vida medidas por índices regularmente atualizados, quantificados, localizados por meio de mapeamentos, orientando políticas públicas consideradas a partir da seletividade e da constatação constante de déficits de Estado, cujos resultados repercutem em reivindicações por políticas compensatórias.

A racionalidade neoliberal procura situar uma nova abordagem do trabalho como capital humano a ser investido. Isso explicita o deslocamento das responsabilidades para o sujeito de direito quanto às desigualdades a serem equacionadas, preferencialmente em suas localidades, dando nova conformação à chamada sociedade civil organizada. Nesse sentido, houve uma proliferação de direitos de minorias realmente significativa e que encontrou ressonâncias para além da lei no conjunto de *enforços* necessários para a normalização: o sujeito de direitos se metamorfoseou em portador de direitos.

A luta por direitos de minorias, ao mesmo tempo, garantiu certos mínimos e proporcionou a estratificação do indivíduo segundo a pletora de direitos, configurando os fluxos e os portadores de direitos inacabados neles tragados. Essa luta o faz transitar, constantemente, pelo circuito

---

[13] SIQUEIRA, Leandro. Procedências espaço-siderais das sociedades de controle: deslocamentos para a órbita terrestre. *Revista Ecopolítica*, São Paulo, PUC-SP, n. 3, p. 42-98, 2012. Disponível em: <http://revistas.pucsp.br/index.php/ecopolitica/article/view/11386/8299>. Acesso em: 18 jun. 2013.

[14] A esse respeito ver: LANDIM, André *et al*. Equipamentos e tecnologias para saúde: oportunidades para uma inserção competitiva da indústria brasileira. *BNDES Setorial*, Rio de Janeiro, BNDES, n. 37, p. 173-226, mar. 2013.

dos direitos, cuja repercussão mais visível se dá no modo de governar as periferias. Vivemos um processo contínuo de convocação à participação para o equacionamento de situações de riscos e garantias de direitos que refletem em uma sólida e fluida relação Estado-mercado.

O problema central encontra-se nesse princípio que articula monitoramentos constantes (muito menos por tecnologias de informação distribuídas pelo espaço público, ainda que estas tenham papel relevante), efeitos policiais (ainda que a polícia cada vez mais se militarize, o que resulta em consensos entre os habitantes de periferias, com apoio de mídias), mas principalmente está nos modos de governar pelos quais os enunciados das lutas acomodam as populações como direito dos governados (mesmo que em certas regiões sejam cada vez mais insistentes as denúncias de mortes arbitrárias pela polícia e demais violências contra minorias, cada vez menos a luta enuncia um direito pela vida que escapa da normalização).

Considero, com base na pesquisa que desenvolvemos no momento, que essa situação configura um *sujeito resiliente*. Por conseguinte, e segundo o esperado pelas agências internacionais, a conformação, inclusive em cidades resilientes, leva-nos a constatar o recuo das lutas resistentes, cada vez mais efêmeras, voltadas a demandas específicas, localizadas, transitórias e provisórias revestidas de resiliências (por exemplo, Jornadas de Junho no Brasil, Occupy Wall Street, Movimiento M-15, ou mesmo Praça Tahir). A resiliência proporciona os contornos de um cidadão -polícia (monitorando a si e aos demais, funcionando como outra faceta atualizada, individualizante e normalizadora do poder pastoral, combinando lutas locais com ativismo eletrônico global via redes sociais de comunicação eletrônica contínua).

O enunciado da produção de direitos traz consigo as diversas forças em luta e situa menos que um arco de reivindicações quantificável: ele mostra os fluxos mais ou menos caudalosos a respeito do direito à vida, que é, antes de tudo, direito à liberdade como direito dos governados (seja do domínio, da exploração, da moral). Portanto, captar o enunciar de direitos exige que nos surpreendamos com novidades antes de querermos ajustá-las a normalizações ou correspondências legais (cito, por exemplo, e que está na cara de todos, os efeitos da tática *black bloc* nas Jornadas de Junho, e que também estavam nos movimentos de protestos que nomeei anteriormente). Do mesmo modo poderia citar a acomodação constante das reformas penais (hoje em dia, cada vez mais compartilhada por esta sociedade civil organizada e que, no entanto, não repercutiu como proferiram os juristas e demais reformadores em redução dos presídios; ao contrário, abriu espaço para a gestão prisional com a participação decisiva do Primeiro Comando da Capital, o PCC). Isso sem falar no descalabro que é a Fundação Casa, antiga Febem, e os programas de controle de jovens e apenados em meio aberto e fechado. Ainda não se sabe como dar conta do enunciado das lutas procedentes da educação de jovens (a não ser no espelhamento penal e no desdobramento punitivo, o que é confirmado pelo exercício dos relacionados conselhos da sociedade civil organizada).

Também impressionam as revitalizações culturais das periferias dando um novo revestimento aos guetos com os programas de megaeventos, revitalizações de centros, enfim, com muitas outras programações que visam restaurações de domínios, explorações e moral sincronizados às modulações da racionalidade neoliberal que, nada paradoxalmente, aninha direita e esquerda, em função da convocação à participação nesses ambientes e no trânsito de cada um por determinados ambientes já acostumados a protestos e reivindicações por *melhorias*.

Produzir direitos é atuar no direito pela vida, pela liberdade, pela minoria potente (e não pela minoria numérica muitas vezes afeita a aspirar à condição majoritária, organizadas para atuarem na composição dos governos de Estado). O interesse deve desviar-se de *tanta* participação para as minorias potentes, o fluxo menos caudaloso, o que resiste, o que não se satisfaz com programas genéricos de saúde, educação e cultura; que não se ilude com o combate à corrupção; não se acomoda à condição de sujeição nem de assujeitamento; se desprega do regime dos castigos e das recompensas, da prevenção geral e da atual expansão dos cuidados médicos e morais em meio aberto. Minorias potentes são ingovernáveis; elas atentam contra a nova configuração em que já não há mais a distinção entre o normal e o anormal, mas consideram os humanos normais, e essa normalidade deve ser constantemente atualizada (ainda que os chamados monstros, hediondos, drogados, mendigos e desvalidos permaneçam perambulando ou assombrando os cidadãos de bem, todo investimento deve ser equacionado para reduzir o fragmento anormal pela programática resiliente capaz de *tratar os transtornos* e elevar em cada um seu exponencial capital humano e suas correlatas responsabilidades por seus próprios riscos).

A questão do direito à vida e dos direitos humanos não se desprende do direito penal e da produção incessante de ilegalismos que ganham conformações legais (poderia citar o aparecimento da delação premiada como redutor de penas, após o sistema penal voltar-se para os crimes de colarinho branco), incluindo a vida governada nas prisões como dispositivo de redutor de penas, e mesmo da introdução da justiça terapêutica e restaurativa; enfim, não há uma economia da pena que não explicite a utilidade, e, como reconhece a racionalidade neoliberal, tudo deve girar em torno da *gestão* do crime (por exemplo o tráfico de drogas e a gestão sobre o usuário por meio de programas de redução de danos ou consultórios de ruas; acabar com o tráfico é algo ainda inconcebível, apesar de os neoliberais não deixarem de apontar os lucros que daí decorrerá, simplesmente porque a demanda é inelástica: acabar com o proibicionismo nada mais é que acabar com a lei que proibiu a circulação livre das drogas que fora benéfica ao capitalismo do século XIX e início do século XX; enfim, as leis são simplesmente resultantes dos embates das forças em luta e, no caso do proibicionismo, da luta moral da sociedade civil organizada estadunidense).

É isso o que vivemos. E por isso é necessário enfrentar a retórica do direito e suas correlatas programações. Lutar pela vida é mais do que capturar dos enunciados das batalhas o que é traduzido em leis e motivadores de *enforços* posteriores simplesmente como resultado: é não esquecer que os enunciados trazem consigo a explicitação de que o direito é sempre o direito da força ou forças vencedoras. Isso faz com que as minorias potentes estejam, se não subalternizadas, propositalmente imobilizadas pelo discurso pluralista; precisamos nos deslocar da relação direitos-democracia para a de direitos-propriedade.

A constatação derivada das relações agonísticas de poder leva-nos, de antemão, a situar o direito sempre em luta, sem uma pacificação futura anunciada, e pode simplesmente nos dar novos alentos para separá-lo da guerra. O direito está historicamente relacionado com a guerra. Se hoje a guerra convencional se transfigurou em *estados de violência*[15] e a segurança (pública, humana, ambiental, etc.) é o catalisador dos fluxos, quais são os direitos à vida? Eles estão fora e dentro, atravessando a relação Estado-mercado e, portanto, em um ponto de estrangulamento dessa relação *naturalmente* subjetivada.

Vida

"Vida louca, vida breve", como disse o poeta. Segundo Disraelia a vida é muito curta para que a façamos pequena ou, como preferia o anarquista Jaime Cubero, para que a façamos breve.

Vida é muito mais que espaço de tempo entre concepção e morte de um organismo, como informa a enciclopédia eletrônica Wikipédia. É mais do que fenômeno da matéria ou as longas definições em verbetes

---

[15] GROS, Fréderic. *Estados de violência. Ensaio sobre o fim da guerra.* Tradução de José Augusto da Silva. Aparecida: Ideias & Letras, 2009.

e dicionários que acabam fundindo corpo e espírito. Quando o espírito ou a alma transitam e governam a vida breve de cada um, o que é vivo pertence à metafísica. A filosofia não se cansou de falar da vida *zoé* e *bíos*.

Para os gregos as moiras eram capazes de fiar a vida: elas não eram desafiadas por Zeus sem que com isso deixassem de colocar o cosmos em risco; elas foram atualizadas na Roma como *parcas*; são também as feiticeiras shakespearianas em *Macbeth*. O espírito, *santo* ou pagão, habita a dicotomia alma-corpo redefinida na cultura greco-ocidental e a desestabiliza temporariamente, como quando Dionísio é desafiado em *As bacantes*, de Eurípedes ou quando se confronta com outras culturas, geralmente selvagens, insuportáveis à vida civilizada. Constroem-se os desvios religiosos ao mesmo tempo que se edificam novas religiões a partir da cultura hebraico-cristã.

A vida, do latim *vita* – do massacrante *curriculum vitae*, que expõe o trajeto vivo-profissional obrigatório de cada um ao Facebook da vida amistosa de tantos amorosos amiguinhos que têm dado vida às convocações, aos protestos e a seus desdobramentos – e o que persiste, insiste em continuar. Vida, a desesperada existência do corpo diante da morte involuntária, marca na lápide temporal do jazigo, efeito biográfico quase sempre laudatório às *genialidades*; vida que na morte assume a grandiloquência simplória entre os comuns, da eternidade efêmera como lembrança, memória evanescida, pertinência de um espírito vivo após a morte, do suicídio e do homicídio, do inominável assassinato dos filhos, a trágica e emblemática *Medeia*. Vida, o que resta do que somos enquanto duramos, após a putrefação ou incineração do corpo e o espargir das cinzas. Do corpo morto resta um *espírito* flutuante acessado nas alegrias, solidões, conversações e reflexões. Há uma permanência viva da morte nas palavras, imagens e escritas. Até mesmo o degenerado permanece nas classificações científicas. Até mesmo os vermes, micróbios, bactérias que vivem no corpo vivo ou morto. O corpo permanece vivo depois da morte e nesse âmbito não há espíritos, somente medicina.

Vida médica, ajustada, entre corpo e espírito, também no inconsciente equilibrado, vida expirada da criança em um átimo, do filho retirado do viver a vida como ao ter ou almejar para ele a *boa vida*, e dela desfrutar com alegria, a utopia de pais também horrorizados diante do novo capaz de reviravoltas: o filho como utopia, como o pecado original, o indesejado, o mais que desejado, o adotado, saudável, doente e convalescente, o anormal a ser mais querido ou abandonado, o filho-vida da reprodução da espécie, propriedade dos pais ou livres para viver sua futura liberdade, o filho que como toda criança desgoverna os lares, a moral e que também é governado pelos espíritos medonhos do castigo e das recompensas. Vida dos *boas* vidas: de vagabundos a burgueses, passando inevitavelmente pelos burocratas. Vida do corpo humano, mapeado pela biologia, esquadrinhado pela bioquímica, incorporado pela física na *partícula de Deus*.

Vida do maldito trabalho como emprego, do amor à condição de existência a ser *melhorada*, vida *resiliente* que governa gentes, cidades, países, continentes, o planeta e o espaço sideral. Vida das inovações do capital e do capital humano, do corpo rejuvenescido, da inteligência disponível a colaborar, compartilhar e incrementar a gestão das desigualdades entre os *portadores de direitos*. Mas a vida louca, a vida breve, ainda que curta é o que escapa!

Vida biopolítica é útil, dócil, segura, repleta de pastores laicos, religiosos e científicos, produzindo tentativas racionais de prolongamento da vida do corpo, articulada aos governos do espírito, da alma, da subjetividade, seus constantes sepultamentos, suas reiteradas ideologias, utopias da eternidade da condição do sujeito como homem. Vida biopolítica como permanência prolongada em nome de todos, em função da raça, da espécie, do incessante trabalho, revestida de direitos em guerras constantes, idealizações de paz e forma política da luta pela *vida*. Vida biopolítica do direito de selecionar quem vive e quem deve morrer, das interceptações, das guerras justas, indústrias e comércios, mas também da revolta e das revoluções. Vida sanguinolenta que constituiu um planeta em degradação.

Vida que não está mais sob o governo do corpo humano biologicamente estruturado para produzir na mecânica das disciplinas e da soberania, com seus entes perigosos, anormais, degenerados psicológica e politicamente.

Vida na ecopolítica como salvação na degradação das superfícies, das profundidades, das peles, carnes e ossos, no espaço sideral e no câncer. Vida apartada da dicotomia superfície/profundidade, infra/superestrutura, Estado/sociedade civil. Vida em fluxos que recebe investimentos de reparação e restauração na natureza, no trabalho como capital humano, no trânsito computacional, na convocação à participação e na maneira obediente de ser governado e de se governar. Todo corpo, mesmo degenerado, deve produzir inteligência, ser inovador e capaz de compartilhamentos; todo corpo possui um quociente de inteligência a ser capturado de modo positivo e protagonístico, ainda que destinado ao *chorus line*.

Corpo e espírito vivos *full-time*, com religiosidade, meritocracia, jovialidade, criatividade, amorosidades consigo, os pares e o planeta, compondo a meta e a realidade democrática.

Corpo transterritorial. Inevitável conexão horizontal entre razão e religião, renovação da *maioridade*, confluência de navegações rumo ao infinito em expansão na busca de um planeta similar ao nosso, enquanto o capitalismo se renova com desenvolvimento sustentável. E ele oferece: redutores de vulnerabilidades, qualidade de vida, direitos, leis, normas, programas nos quais se espera de cada um a capacidade de se monitorar e controlar os outros, redimensionando e descentralizando a figura do pastor do ápice da hierarquia para as situações vividas em um ambiente a ser conservado. Corpo e espírito resilientes, normalizando o *normal*.

Morreram espécies pelos cataclismos, pelas maneiras de produzir verdades e riquezas. Os ventos produzem uma poeira constante e o cisco no olho, conduzem tempestades, refrescam. As águas dos oceanos estão sendo mapeadas e cartografadas junto com espécies, temperaturas e modos de confinar os animais que eram alimentos naturais. As defesas dos animais vivos tomam vulto, e anunciam-se novas dietas que liberarão os animais domesticados, confinados, aprisionados. Da mesma sorte as paisagens transcendentais são organizadas em parques nacionais, desalojando-se os humanos diante da beleza natural criada por Deus a ser preservada. As demais paisagens devem se constituir em ambientes sustentáveis. As populações milenares, os antigos selvagens, cada vez mais são atraídas em programas de reiteração de suas culturas com escolarizações e produtividades inclusivas. As cidades superlotadas e impermeabilizadas parecem sufocar em poluições, engarrafamentos, túneis, viadutos, avenidas e autoestradas. A Terra treme, geme, expele lavas, se move causando terremotos e maremotos, seus rios secam ou têm suas rotas desviadas, tudo se planta em monocultura ou em cultura orgânica alternativa. O fogo arde sobre o *iceberg*, o fogo atiça os revoltados, o fogo arde e produz fogos de artifício que ribombam, à noite, nos céus, insinuando o que não vemos, mas que é mapeado pelos observatórios.

Vida ecopolítica que conhece cada vez mais milimetricamente cada corpo pela nanotecnologia, os territórios das bactérias, os vírus, as armas letais bioquímicas para conter o banho de sangue e tornar os pontuais conflitos em guerras assépticas, variando os *estados de violência*, nas quais os corpos mortos apodrecerão com novas vidas geradas na morte. Vida na ecopolítica que depende dos revoltados, capazes de produzir resistências diante da disposição na sociedade de controles ou de segurança em capturá-las e metamorfoseá-las em resiliências. Vida na ecopolítica governada democraticamente por dispositivos diplomático-policiais fazendo dos mais variados ambientes conectados, compartilhados, restaurados ou renovados, o espaço democrático terrestre que governa a si e aos outros no vaivém das novidades médicas, farmacêuticas, fisioterápicas e tantas mais, extraídas como saberes e que governam desde o corpo do astronauta ao do famélico. Vida ecopolítica: produção da verdade pós-Segunda Guerra Mundial que governa a produção de riquezas capitalistas.

Introdução

Este livro vem de estudos sobre os textos originais de Michel Foucault (1926-1984), filósofo francês da segunda metade do século XX. O que motivou tal estudo e interesse por esse filósofo contemporâneo foi a quantidade de intuições e conceitos inovadores que ele forjou, para responder a um campo de problematização igualmente original e plural. Epistemologia, ciências humanas, poder, liberdade, loucura, disciplina, norma, resistências ao poder, biopoder, biopolítica, seguridade, governamentalidade, autonomia, eis alguns temas que foram estudados de modo inovador por Foucault.

Não é difícil afirmar que, entre os filósofos contemporâneos, Michel Foucault é o pensador que trouxe contribuições aos mais diferentes campos do saber. A amplitude de sua erudição e o amplo escopo de seus interesses ultrapassou o campo restrito da filosofia. Seu talento não está aprisionado ao domínio específico de sua formação universitária. Por outro lado, as dimensões de suas reflexões e sua notoriedade propiciam tantas e tantas interpretações, algumas mais acertadas e outras totalmente infundadas, que é uma tarefa difícil escrever sobre o filósofo francês mais famoso do final do século XX.

A leitura da obra de Foucault que propomos ao leitor é, acima de tudo, centrada em seus livros e cursos que vão dos anos 1960 até 1984, centrada de modo especial na ética e na política, pois o pensamento de Foucault adensa-se crescentemente no campo de reflexão sobre a política. Tal interesse do filósofo contemporâneo nos induz a propor três distintas fases do pensamento de Foucault, tendo como referência seus diferentes modos de se comportar diante de seu desafio teórico.[16] A primeira fase, que cobre os anos 1960, é a da "arqueologia do saber". Nessa década, de

---

[16] Tal divisão da obra de Foucault em fases, todavia, é um mero recurso didático.

fato, a preocupação com a ética e a política não é predominante em seus livros, mas está em alguns de seus textos e entrevistas; a segunda fase, que começa com a entrada de Foucault no Collège de France, em 1969, e que vai até 1977, denomina-se, com toda pertinência, como "analítica do poder" (alguns a chamam, mas explicam pouco o que querem dizer com isso, "genealogia do poder"); a terceira fase, que se inicia em 1978 e vai até sua morte, em 1984, pode ser denominada, com toda propriedade, como "fase ético-política", centrada nas relações de poder e nas resistências ao poder (alguns também denominam esse período como "último Foucault").

Este trabalho se fez com grandes parceiros no campo das ideias e da vida. Agradeço a todos os intelectuais, brasileiros e estrangeiros, que contribuíram para minha formação. A meus alunos, os de boa e má vontade. Aos amigos, próximos e distantes. A todos os que estão no meu entorno, trabalhadores, que fazem os dias fluírem e o mundo funcionar. Aos que desejam um mundo melhor.

PARTE I
FILOSOFIA

Anti-humanismo e novas teorias do sujeito na modernidade

Uma formação filosófica é feita de inúmeras influências não somente teóricas como também históricas. Além disso, é também fruto de certos modos de lidar com as artes, com a cultura, com a vida, com os contatos humanos e de amizade que são feitas no decorrer da vida. Na década de 1960, bem ao sabor das novas vagas do pensamento, Michel Foucault partilha de algumas ideias estruturalistas, como as do Grupo Théorie, liderado por Louis Althusser. Entre elas, Foucault adota a tese de que existem conhecimentos e discursos, realizados de forma não autoral (ainda que exista alguém capaz de exigir, juridicamente, um direito de autoria), advindos de um campo de pensamento que prescinde do sujeito do conhecimento, do sujeito cartesiano ou do antigo sujeito da teoria do conhecimento. Tal ideia é absolutamente nova e representa, no meu entender, a maior contribuição do movimento intelectual daquela época. Para o estruturalismo dos anos 1960 inexiste uma essência humana ou qualquer outro fundamento último na origem do conhecimento e da criação. O anti-humanismo e anticartesianismo de Foucault revela-se, de modo patente e inequívoco, numa entrevista publicada na revista *Quinzaine Littéraire*, de 1966, na qual ele declara:

> Em todas as épocas, o modo como as pessoas refletem, escrevem, julgam, falam (até mesmo nas ruas, nas conversas e nos escritos mais cotidianos), inclusive o modo como as pessoas sentem as coisas, o modo como sua sensibilidade reage, toda sua conduta é comandada por uma estrutura teórica, um *sistema*, que muda com as idades e as sociedades – mas que está presente em todas as idades e sociedades (FOUCAULT, 1994, v. I, p. 515).

O sistema, na percepção de Foucault, estaria por detrás do Eu, do *Cogito*, e consiste num pensamento anônimo, sem sujeito nem identidade, que sobredeterminaria o eu e a consciência. O sistema é para o pensamento e para o comportamento humano um campo de inteligibilidade prévio e sem fundo. Efeito da lógica interna do campo estrutural, o sujeito e a consciência, tal como Foucault os concebe nesse momento, são efeitos de superfície, espumas que reverberam a força das ondas e o movimento do mar, são decorrência da influência de *algo* que os constitui e trama seu funcionamento e modo de ser. O *eu penso* é substituído, na época contemporânea, pelo *isto pensa*, e é a nova tarefa do pensamento na modernidade descrever o processo de constituição desse *eu* pelo *isto* que o antecede. Aí sim, temos a noção verdadeiramente contemporânea de sujeito, entendido como resultado da ação de estruturas externas aos indivíduos e que o constituem. Certas consequências do primado do sistema sobre o *cogito* são de difícil aceitação para um pensamento que valoriza a consciência e o poder irrestrito da razão: há que se deixar de lado a convicção de que seria possível conhecer e transformar o mundo através de um ato de vontade consciente, individual ou coletivo.

Entre as hipóteses levantadas no grande e denso volume do *As palavras e as coisas*, algumas das que são dignas de nota já estão expostas no prefácio do livro: 1) todo o pensamento, toda a prática, toda fala de uma época são coordenadas, em último caso, por um conjunto pequeno e restrito de ideias fundamentais, os *enunciados*, que constituem verdadeiras matrizes anônimas de toda a intelecção deste tempo determinado; 2) os enunciados situam-se numa região mediana entre a teoria e a experiência, e determinam esses dois campos; 3) tais matrizes enunciativas sofrem grandes transformações de tempos em tempos e modificam toda a configuração de saber, o que faz com que, entre as épocas, diferentes camadas de discursos e práticas se superponham (uma vez que são produtos da influência de diferentes matrizes enunciativas) da mesma maneira que as camadas geográficas, o que torna possível que se faça, posteriormente, uma arqueologia do saber; 4) nossa época, caracterizada pela irrupção da literatura, do "homem" e das chamadas "ciências humanas", tem como marca o aparecimento de uma nova e antes inexistente noção de *homem*;[17] 5) para passar a existir como objeto de conhecimento, o homem é convertido num objeto para o saber, nebuloso e desconhecido, compreensível somente a partir do *impensado*[18] com o qual faz par, e é dessa

---

[17] A ideia de homem não existia até o século XIX, quando passa a vigorar, uma vez que até então ele, sujeito incondicional do conhecimento, era senhor da representação, condição prévia de todo conhecimento, não podendo ser tematizado como um objeto para o saber.

[18] "O impensado (qualquer que seja o nome que se dê a ele), não está alojado no homem [...] é, por relação ao homem, o Outro: o Outro fraternal e gêmeo, que não nasceu com ele, nem nele, mas a seu lado, e, ao mesmo tempo, numa idêntica novidade, numa dualidade sem saída" (FOUCAULT, 1966, p. 337).

duplicidade de que tratam as novas ciências ou saberes que estudam o homem; 6) finalmente, uma das proposições mais polêmicas do *As palavras e as coisas* é a de que o homem, invenção recente de nosso pensamento, esse homem estudado pelas ciências humanas, poderá deixar de existir em breve: "o homem é uma invenção do qual a arqueologia de nosso pensamento mostra facilmente a data recente. E, talvez, o fim próximo" (FOUCAULT, 1966, p. 398).

Os livros descritivos de Foucault dos anos 1960 sempre mostram variações históricas ou distintas percepções acerca de experiências vividas, associadas a teorias e práticas teóricas, sobre a loucura,[19] a prática clínica, o estatuto de cientificidade, as ciências humanas.[20] Sem utilizar os critérios de causalidade histórica tradicional, suas obras descrevem, de forma exaustiva, como as percepções e experiências em foco foram se diferenciando e se superpondo, numa ordem descontínua e sempre renovada, prescindindo da noção de causalidade histórica. Por esse motivo, não se trata de uma história das ideias ou das práticas, mas de uma arqueologia do saber, ou seja, da descrição temporal de diferentes configurações de saber, dispostas na sucessão temporal em camadas ou estratos que estão uns sobre os outros num processo histórico que se ordena independentemente das noções de crescimento racional, progresso espiritual, aumento da complexidade teórico-metodológica, etc. Na arqueologia, vemos diante de nós experiências da ordem do saber, sem necessidade de se fazer qualquer recurso à ideia de origem e finalidade em história.

Numa entrevista de 1967, Foucault explicita suas ideias sobre as relações entre política, ética, controle e burocracia. Comecemos por seu anti-humanismo em política: "na realidade, os problemas que são levantados aos que fazem política são problemas como o de saber se é preferível deixar aumentar o índice de crescimento demográfico, se é melhor apoiar a indústria pesada ou a pequena indústria, se o consumo, o aumento de consumo, podem apresentar numa conjuntura determinada vantagens econômicas ou não. Eis os problemas políticos. Nesse contexto, jamais encontramos 'homens'" (FOUCAULT, 1994, v. I, p. 616). A linha argumentativa que o filósofo segue nessa entrevista é de que as questões

---

[19] Sobre o tema, vale conferir o texto precioso de Paulo Amarante, intitulado "Forças e intensidade: as transformações na saúde e na loucura".

[20] Um livro brasileiro que apresenta as ideias de Foucault nos anos 1960 num viés de interpretação epistemológico e limitado a esse campo de análise é o de Roberto Machado, *Foucault, a ciência e o saber*.

políticas se fazem em torno tão somente do modo de funcionamento socioeconômico e da possibilidade de aumentar o controle e a eficácia do sistema, sem nenhum recurso real à moral e ideia de felicidade humana. Para Foucault, sem dúvida, a política é tarefa funcional de controle, e em sua visão, a ética, quando associada à política, é uma consequência imaginária da lógica do controle do funcionamento econômico-social, fundada na perspectiva, cínica ou ingênua, dos tecnocratas e assemelhados, que fingem ou acreditam agir em nome do bem comum: "os burocratas, eles é que são humanistas. A tecnocracia é uma forma de humanismo. Eles consideram, com efeito, que são os únicos a deter o jogo de cartas que permite definir o que é a 'felicidade dos homens' e o modo de realizá-la" (FOUCAULT, 1994, v. I, p. 617). A passagem, claro, é extremamente irônica.

A promessa de um mundo melhor ou de forma de vida capaz de alterar o espaço público, na perspectiva sistêmica adotada por Foucault nos anos 1960, fica minimizada a pequenos e periféricos aspectos da existência, como a liberdade individual e o prazer. Por outro lado ele sustenta uma convicção, tanto teórica como pessoal, que não deixa de ser determinante em seu pensamento político e ético: "ora, eu não creio que a noção de felicidade seja verdadeiramente pensável. A felicidade não existe, a felicidade humana ainda menos" (FOUCAULT, 1994, v. I, p. 618). Todavia, vale a pena lembrar, tal convicção não significa dizer que a vida não valha a pena ser vivida, nem que não possa ser prazerosa e agradável. Toda a aposta de Foucault está nisto: tornar a vida plausível sem ter que recorrer a otimismos infundados e imaginários.

A articulação do anti-humanismo, da ideia de sistema e da ideia de arqueologia, portanto, leva a um poderoso instrumento de quebra de evidências teóricas e históricas. Certamente isso não é um desconstrutivismo filosófico nem um niilismo intelectual. A tarefa filosófica de Foucault é propositiva e consiste em lançar as bases teóricas e metodológicas para se fazer novos modos de investigação do passado histórico e do próprio presente. Como o filósofo faz questão de repetir, ao longo de toda a sua obra, sua questão maior é o presente: "eu procuro diagnosticar, fazer o diagnóstico do presente: dizer o que nós somos, hoje, e o que significa, hoje, dizer o que nós dizemos. O trabalho de escavação sobre nossos pés caracteriza o pensamento contemporâneo, desde Nietzsche, e nesse sentido posso me declarar filósofo" (FOUCAULT, 1994, v. I, p. 606). A arqueologia do saber, nesse sentido, é participar do trabalho de diagnóstico do presente, pois "tal atividade de diagnóstico comportaria um trabalho de escavação sob os próprios pés para estabelecer como se constituiu, antes dele [o presente], todo esse universo de pensamento, de discurso, de cultura, que era o seu universo" (FOUCAULT, 1994, v. I, p. 613).

O último livro dos anos 1960, *A arqueologia do saber*, escrito por Foucault para explicar as inovações teórico-metodológicas e o campo de atividade aberto por seu universo conceitual, em vez de ser o ápice de um processo de elaboração, na verdade revela as inconsistências entre o projeto arqueológico e sua efetivação. Foucault deixa evidente seu mal-estar com a ideia de sistema (como o sistema apresenta-se na prática vivida?); no livro, igualmente, o filósofo interroga-se sobre a pertinência de suas ideias sobre os *enunciados*, de caráter imaterial e estrutural, sobre os quais inexistem quaisquer parâmetros seguros que certificariam quais eram suas reais influências sobre a multiplicidade das ideias produzidas num determinado momento. Afinal uma parte pode explicar um todo? Por que realizar tal redução do múltiplo a uma parte? Por que não estudar os discursos em suas vinculações com a multiplicidade das experiências vividas, em todas as suas modalidades, sem se preocupar em obter certos conteúdos prévios ou *a priori*?

As inquietações que comparecem no *A arqueologia do saber* são respondidas por Foucault no ano seguinte quando, num grande salto teórico, já em sua aula inaugural do Collège de France, as ideias de sistema e de enunciado são substituídas pelas noções de acontecimento e de campos de força, aplicados, ainda nessa aula, aos campos discursivos. Nessa aula inaugural, que deu origem ao opúsculo *A ordem do discurso*, surge uma hipótese nada estruturalista: os discursos são construídos, proferidos, moldados, organizados a partir de diferentes campos de poder, o que significa dizer que eles devem ser considerados em sua multiplicidade histórica e social associados a práticas de poder. Discursos como os religiosos, que são doutrinais, são bastante diferentes dos discursos científicos, com modos de organização discursiva diversos. Um saber científico legitimado é percebido diferentemente de um saber que busca obter um estatuto científico, muitas vezes sem conseguir, por exemplo, como na distância que existe entre a física e a lógica. O senso comum, por sua vez, regula-se de modo diferente que discursos e comportamentos místicos. O fato, enfim, é que os discursos são organizados obedecendo a princípios, a padrões epistemológicos, a públicos e a circunstâncias diversificadas, o que implica afirmar que todos estão submetidos a diversas pressões históricas e sociais, com estatutos, recepções e graus de importância também diversificados. Por outro lado, Foucault procura mostrar que os discursos devem ser considerados como acontecimentos, isto é, como efeitos de relações de força, em que nada existe acima e abaixo do mundo histórico e social que nos cerca. A partir de então, estão criadas as condições para a análise de um dos temas mais estudados pelo Foucault da fase da analítica do poder: as relações entre saber e poder.

Os vínculos entre saber e poder levam, finalmente, o filósofo contemporâneo a criar uma nova concepção de poder, elaboração que mobilizou Foucault devido à insuficiência descritiva das teorias do poder tradicionais, de origem liberalistas ou marxistas. A razão pela qual Foucault desconsidera as teorias do poder dominantes nos últimos séculos é que elas trazem ideias próprias sobre o que seria um poder de Estado legítimo, quais seriam seus limites e qual foi sua origem. A analítica do poder, proposta por Foucault, tem outro tipo de percepção do poder, que é, sobretudo, histórica e metodológica: "minha pesquisa incide nas técnicas do poder, na tecnologia do poder. Ela consiste em estudar como o poder domina e se faz obedecer. Após os séculos XVII e XIX, essa tecnologia desenvolveu-se enormemente; entretanto, nenhuma pesquisa sobre esse tema foi realizada" (FOUCAULT, 1994, v. III, p. 532). O que está em jogo, portanto, não é a criação de uma nova teoria sobre os fundamentos do poder. Para Foucault, o que importa é a elaboração de um instrumento eficaz de análise das técnicas de poder, é a invenção de uma analítica do poder, é forjar um modo novo e arrojado de descrever os exercícios do poder. Pensando o poder como acontecimento, Foucault entende que as práticas de poder devem ser objeto de descrição, e que a questão da legitimidade ou não do poder é para ser deixada de lado.

Foucault desenvolveu, no *História da sexualidade I. A vontade de saber*, um elenco de características do poder bastante inovador e que procura dar cabo de suas exigências intelectuais, de caráter, acima de tudo, metodológicas: a) o poder se exerce em inumeráveis lugares ou pontos, em relações móveis e desiguais, dentro da complexa e densa teia social; b) as relações de poder, porque se distribuem nos mais diversos pontos de poder, têm um "papel diretamente produtor" (FOUCAULT, 1976, p. 124), atribuindo lugares desiguais e focos assimétricos de poder; c) o poder vem de baixo, e dele irradia-se, reproduzindo suas diferentes faces e todas as suas contradições, de tal maneira que as grandes estruturas de dominação são efeitos de largo espectro dos pequenos e nem por isso menos importantes lugares de poder; d) todo poder é intencional, fazendo-se a partir de objetivos e estratégias em conflito, no qual a subjetividade, a condição pessoal, as castas ou as classes dominantes são apenas um aspecto de grandes estratégias anônimas que constituem os lances de dados políticos; e) por esse motivo, onde há poder há resistência, o que significa dizer que não existe nenhum lance de poder feito do lado de fora do poder. Poder, enfim, é constituído por relações de poder, e em todos os lugares sociais afirmações de poder e resistências ao poder travam contato e se confrontam. Poderíamos dizer, usando uma linguagem althusseriana, que os aparelhos de Estado são uma integração de múltiplos lugares institucionalizados do poder, e a revolução possível, por sua vez, consiste num outro lado integrado das relações de poder, ou seja, presente no amplo e difuso campo das resistências ao poder. O campo de análise dos mecanismos do poder, portanto, enxerga sempre as relações e os confrontos de poder.

A analítica do poder relata com precisão como funcionam as práticas divisórias e procedimentos estratégicos utilizados pelos poderes hegemônicos para realizar estruturas de dominação. Certamente, um dos motivos para essa escolha foi o instrumental metodológico posto em jogo por Foucault, que trouxe contribuições inovadoras sobre o avanço das tecnologias do poder nos últimos séculos. Apesar de sua militância em movimentos de resistência, nessa época, como o Grupo de Investigações sobre as Prisões (GIP), Foucault, em seus livros e cursos, pouco escreve sobre as práticas de resistência ao poder; na verdade, ele cita, em algumas passagens, movimentos contrários à lógica consumista (como os movimentos antipoluição) ou movimentos partidários da liberdade no uso do próprio corpo (como os movimentos pró-aborto), ou fala sobre as contracondutas.

Uma noção importante dos anos 1970 é a de que o poder produz ou, mais propriamente, produz a própria individualidade.[21] Diante de estruturas plurais de poder, os indivíduos não teriam espaço (expressivo e importante ao menos) para o exercício efetivo da liberdade. A tese de Foucault, na analítica do poder, é esta: "o que me parece característica da forma de controle atual é o fato de que ele se exerce sobre cada indivíduo: um controle que nos fabrica, impondo-nos uma individualidade, uma identidade" (FOUCAULT, 1994, v. II, p. 662). Ele vai além, e afirma que a individualidade é completamente controlada pelo poder.

Por outro lado, a oposição entre grupo e poder não é nada simples; nem toda luta levantada pelos grupos sociais é, efetivamente, luta de resistência ao poder. A oposição grupo *versus* poder somente pode ser compreendida após uma série de ressalvas levantadas por Foucault. A mais importante delas vem da constatação de que muitas lutas contestadoras seriam, desde seu início, lutas visando à inclusão e/ou legitimação na ordem estabelecida: seria o caso das lutas pelo direito à habitação,

---

[21] Uma das hipóteses centrais do *História da sexualidade I* contesta a tese de que nossa época é a da superação da repressão, e que vivemos em tempos de liberação da sexualidade. Na verdade, vivemos em tempos de incitação ao discurso sobre a sexualidade, cujo intuito, antes de mais nada, é o da regulação, organização, medicalização dessa esfera antes negligenciada na vida das pessoas.

saúde, higiene, etc., que acabam consolidando as estruturas do poder e auxiliando para o desenvolvimento de suas técnicas de controle das populações, em especial quando entram em jogo tecnologias refinadas de controle a partir do saber-poder contemporâneos.

As lutas desenvolvidas pelos "grupos sociais organizados", ressaltemos, podem escamotear procedimentos e técnicas de manipulação das massas, característicos do século XX, em especial no campo político. Segundo Foucault, as técnicas de manipulação dos grupos e das populações não são específicas dos regimes autoritários; em nosso tempo, tais técnicas são praticadas não importa onde, inclusive nos países considerados democráticos. Afinal, quem desenvolveu de forma mais eficaz as técnicas de disciplinarização, normalização, punição e controle dos indivíduos e grupos sociais foram os diversos sistemas políticos que desaguaram em várias versões do liberalismo, nos últimos dois séculos. O que não significa dizer, bem entendido, que o liberalismo é a forma política acabada e definitiva da história. Tampouco o liberalismo é, para Foucault, o modo insuperável de registro político-social existente no mundo atual.

O livro de Foucault no qual estão importantes descrições sobre as técnicas disciplinares e os procedimentos de normalização é o *Vigiar e punir*. Tendo por centro do estudo as modificações no campo social, iniciadas com o desenvolvimento do capitalismo no século XVII, com repercussões nas grandes instituições do Estado, a disciplinarização, a normalização, a punição, nesse livro, são aspectos interligados e interdependentes que geraram um complexo campo de saber-poder desenvolvido nos últimos quatro séculos. Quando a questão passou a ser o controle e a correção das operações do corpo, entrou-se na era do homem instrumento, do homem objeto de estudos que pretendem aperfeiçoar e tornar mais produtivo, no detalhe, o uso de seu corpo em ação na fábrica, na caserna, na prisão, etc. Doravante, as técnicas disciplinares geraram estudos pormenorizados e contínuos sobre a otimização possível de corpos submetidos a padronizações e regulações, segundo a racionalidade do capitalismo em vias de se desenvolver: "os métodos que permitem o controle minucioso das operações do corpo, que asseguram o assujeitamento[22] constante de suas forças, e lhes impõem uma relação de

---

[22] Prefiro a tradução "assujeitamento", em vez de "sujeição", por estar mais de acordo com o pensamento agonístico de Foucault. O assujeitamento consiste num exercício de controle da subjetividade que constitui a própria individualidade, como uma subjetividade voltada para ela mesma e cindida dos outros, num processo instável e transitório. A sujeição, por outro lado, remete à dialética do senhor e do escravo, com uma estrutura inteligível definida, feita a partir de um jogo de forças na qual cada posição passa a ser condição constante.

docilidade-utilidade, é a isto que podemos denominar de 'disciplinas'" (FOUCAULT, 1976, p. 161).

Já o processo de normalização complementa e aprofunda as técnicas disciplinares. Por isso, "a normalização torna-se um dos grandes instrumentos do poder no fim da idade clássica" (p. 216), na qual se procura conhecer, na medida do possível, a alma humana, para mantê-la assujeitada. Professores, juízes, médicos, advogados, lideranças sociais, pais de família, grupos comunitários são constituídos e convocados, a partir dos fins do século XVIII, para se tornarem executores de certos padrões de normalidade. Com isso, todas as pessoas passam a ser submetidas, durante sua vida, a exames de toda ordem. Os considerados normais são compreendidos como efeitos bem-sucedidos do processo educativo e civilizatório. Aos que não surtiram efeito positivo, como os anormais, desviantes, diferentes, o tratamento é dissemelhante: sanção legal, casa de correção, manicômio, tratamentos médicos e psiquiátricos, todo um arsenal de instituições normalizadoras e de controle passa a existir. No limite, a prisão e o afastamento provisório e total do convívio social.

Malgrado dos mecanismos, técnicas e tecnologias de poder apresentados na analítica de poder, Foucault percebe, a partir de 1978, que em certas condições a força dos indivíduos e dos grupos tem o potencial de contestar os sistemas hegemônicos de poder. Mais: acaba por modificá-los, devagar, num lento e tenaz movimento diário, ou abruptamente, num movimento de transformação político-social de caráter revolucionário. Esse é o problema que anima Foucault, que passa a estudar o papel das resistências ao poder, em todas as suas dimensões, na trama complexa das relações de poder na atualidade. Seu interesse passa a ser os combates e as lutas inerentes às relações de poder, e não apenas as grandes articulações institucionais e políticas que formam as grandes estruturas de poder que persistem num largo espaço de tempo. Desde então, Foucault considera que as resistências ao poder devem ser entendidas como aquelas que visam à defesa das liberdades individuais e coletivas, não importa em que época e em que lugar.

Todavia, o papel da ação pela própria liberdade feita pelos indivíduos nas lutas políticas não é para ser entendido como um mero princípio teórico; deve ser compreendido a partir das lutas sociais, que são precárias, contingentes, móveis. O campo da liberdade é o da ética tornada corpo:

> O que eu quero analisar são práticas, é a lógica imanente à prática, são as estratégias que sustentam a lógica dessas práticas e, por conseguinte, a maneira pela qual os indivíduos, livremente, em suas lutas, em seus afrontamentos, em seus projetos, constituem-se como sujeitos de suas práticas ou recusam, pelo contrário, as

práticas que se lhes são propostas. Eu acredito solidamente na liberdade humana (FOUCAULT, 1994, v. IV, p. 693).

O esforço de Foucault (1994, v. IV, p. 721), como se pode ver, é o de responder a críticos que veem em seu trabalho um niilismo que aniquila todo espírito de luta:

> Nesses casos de dominação – econômica, social, institucional, ou sexual –, o problema, com efeito, é o de saber onde vai se formar a resistência... Numa tal situação de dominação, deve-se responder a todas essas questões de um modo específico, em função do tipo e da forma precisa de dominação. Mas a afirmação: "você enxerga o poder em todo lugar; logo não existe lugar para a liberdade", parece-me absolutamente inadequada. Não se pode me atribuir a ideia de que o poder é um sistema de dominação que tudo controla e que não deixa nenhum lugar para a liberdade

Foucault, em sua fase ético-política, quer mostrar o quanto está interessado em contribuir para o processo criativo das lutas de resistência, que constituem uma nova economia das relações de poder, pois "tudo isto está totalmente ligado a uma prática e a estratégias que são, por sua vez, móveis e se transformam" (FOUCAULT, 1994, v. IV, p. 693). A criatividade das estratégias e das lutas, portanto, decorrem das artimanhas da liberdade, e sua investigação "consiste em tomar as formas de resistência aos diferentes tipos de poder como ponto de partida" (p. 225).

Não existe luta aberta possível ou confrontação direta entre liberdade e poder num regime de terror ou em regimes autoritários e burocráticos, como ocorreu no stalinismo, no nazifascismo, na ditadura de Pinochet (Chile), no regime de Reza Pahlevi (Irã), no terror do Cambodja (Pol Pot), etc. Mas a força e a truculência, se dificultam, não constituem uma impossibilidade para a manifestação da força da liberdade quando ela encontra oportunidade para se exercer. A liberdade, por sua condição ontológica, é insubmissa. Diz sempre não às forças que procuram controlá-la e eliminá-la. E o faz de um modo que é, necessariamente, em condições fora do terror e do constrangimento, o de um afrontamento contínuo. Como alerta Foucault (1994, v. IV, p. 238),

> [o] problema central do poder não é o da "servidão voluntária" (como poderíamos desejar ser escravos?): no cerne da relação de poder, "induzindo-a" constantemente, temos a reatividade do querer e a "intransitividade" da liberdade. Mais que de um "antagonismo" essencial, seria melhor falar de uma "agonística" [...] uma relação que é, ao mesmo tempo, de incitação recíproca

e de luta; trata-se menos de uma oposição termo a termo que os bloqueia um diante do outro e, bem mais, de uma provocação permanente.

É um mundo de forças em afrontamento, de contraste e quiçá combate entre campos de intensidade diferentes. E, por esse motivo, afirma que "uma sociedade sem relações de poder nada mais é que uma abstração" (FOUCAULT, 1994, v. IV, p. 239). Liberdade e poder, portanto, se enfrentam de maneira constante e sem síntese dialética, isto é, sem nenhuma solução pensável a médio e longo prazo. Toda experiência, seja de exercício da liberdade, seja de dominação nas relações de poder, ocorre tão somente em ato. O poder e as resistências ao poder, dizendo de outra maneira, são faces diversas da moeda, em contraste permanente. Pode até mesmo ocorrer equilíbrio provisório de forças, mas nunca uma forma de paz durável vinda da ausência de lutadores na arena da agonística. De tal modo que é possível, e até mesmo imaginável, que a "dominação" nas relações de poder não seja o modo principal de relacionamento político em sociedades nas quais as estratégias e as táticas de resistência aos poderes têm êxito em transformar situações aparentemente insuperáveis. Inexiste, na verdade, situações políticas e quadros políticos permanentes, pouco importa onde no planeta, qualquer que seja a época. O que vale para todo modo de convivência humana, pois segundo Foucault (1994, v. IV, p. 374) "aquilo ao qual estou atento é o fato de que toda relação humana é, num certo sentido, uma relação de poder. Nós nos movimentamos num mundo de relações estratégicas perpétuas. Nenhuma relação de poder é má nela mesma, mas é um fato que comporta perigos, sempre".

É até mesmo possível que certas relações de dominação possam perdurar – séculos ou milênios, em certas partes do planeta – todavia, isso não quer dizer que suas relações de poder não tenham passado por transformações inevitáveis, resultado dos constantes enfrentamentos das resistências ao poder, nem quer dizer que estruturas de poder aparentemente inabaláveis um dia caiam por terra. É incontestável: não há, não houve nem haverá Estado, relações de poder, impérios que durem eternamente.

Existem também razões filosóficas para essa concepção agonística do poder em Foucault. Uma percepção agonística do poder não tem vinculação com o contratualismo, com consentimentos ou servidões voluntárias, ou com a crença numa hipotética expropriação originária.

O verdadeiro campo de luta, ao ver de Foucault, é o que abre as portas a um exercício de liberdade autônomo e radical. A questão, assim, é inventar novos modos de subjetividade, novos estilos de vida, novos vínculos e laços comunitários, que se contrapõem aos sistemas hegemônicos de poder. Como criar novas formas de subjetividade e novas experimentações políticas a partir de forças que agem no sentido de determinar os sujeitos e assujeitá-los?

A questão, para Foucault, na última fase de sua vida, é a da retirada do assujeitamento e a da submissão, o que demanda outra maneira de se pensar as relações entre o sujeito e as múltiplas determinações que o envolvem, com o alerta de que nenhuma luta de resistência se faz em nome do homem, mas em nome da liberdade e da autonomia.

Agonística, política e liberdade no "último Foucault"

A problematização foucaultiana, em sua maturidade, discute as intricadas relações entre exercício do poder e liberdade:

> Quando se define o exercício do poder como um modo de ação sobre as ações dos outros, quando o caracterizamos pelo "governo" dos homens uns sobre os outros – no sentido mais largo do termo – inclui-se, nesse caso, um elemento importante: a liberdade. O poder não se exerce senão sobre "sujeitos livres", e, enquanto são "livres" – entendamos por isso sujeitos individuais ou coletivos que têm diante de si um campo de possibilidade no qual muitas condutas, muitas reações e diversos modos de se comportar podem ter lugar. Ali onde as determinações estão saturadas, não há relações de poder: a escravidão não é uma relação de poder quando o homem está acorrentado (trata-se, então, de uma relação física constrangedora), mas somente quando ele pode se movimentar e, no limite, fugir (FOUCAULT, 1994, v. IV, p. 237-238).

Não é a posse do poder que está em jogo, nem a luta de classes, mas algo muito mais específico, bem mais acidental e casual em suas estratégias, e em seus rumos e efeitos: a condição do exercício do poder é sempre, e acima de tudo, a liberdade. Sem liberdade, não há possibilidade de ocorrer nenhuma relação e exercício de poder possível. Todo poder, quando relacional, requer liberdade de ação entre os envolvidos; na ausência de liberdade, o que ocorre é relação autoritária, totalitária, em sociedades onde não são possíveis, ao menos de maneira visível, deslocamentos sociais, intelectuais e artísticos. Ainda assim, o exercício de poder autoritário pode durar algum tempo, em certos casos muito tempo, mas nunca para sempre, e nunca de modo absolutamente homogêneo. Pois a potência da liberdade, em Foucault, é parte efetiva de todo homem inserido na história. A modernidade, em seu trajeto, poderia ser entendida como a luta em prol da possibilidade de conquista real de crescente liberdade, por parte dos homens, nesse momento histórico determinado, em que existe a potência de se exprimir com coragem e vontade o pensamento e a ação independentes. O exercício do poder, feita pela relação agonística entre homens livres, acarreta sempre numa tensão e num confronto entre potências do agir. A liberdade, a luta entre seres livres, está na emergência de todo processo individual e social na modernidade.

Foucault passa a ressaltar, a partir de 1977, o lugar central das resistências ao poder como essencial à dinâmica das relações de poder e, por extensão, que as resistências ao poder são fundamentais para a descrição das constantes transformações em curso na vida política das sociedades contemporâneas. Contrariando a imagem do *Panóptico*, a ideia de que existiria uma operação de controle decisiva em toda produção de subjetividade na sociedade de controle contemporânea, Foucault sustenta que a liberdade só existe de modo agonístico, só se dá na luta com tudo e todos que possam ser percebidos como obstáculos a sua determinação específica e a seus desígnios históricos. A questão com a qual se defronta Foucault, portanto, é a da agonística, isto é, do combate entre indivíduos e grupos com diferentes forças e distintos objetivos no campo social e histórico.

Foucault responde às interpretações e críticas que o punham num lugar no qual a contestação política não teria sentido; segundo essas críticas, pelo fato de que, a seu ver, o poder está em toda parte da vida social, se não há lado de fora do poder, estaríamos diante de um niilismo político ou de uma teoria que justifica e leva à resignação diante do mundo social e político estabelecido. Pensar a política, doravante, para Foucault, significa observar e descrever os afrontamentos das relações de poder dando ênfase às resistências e às estratégias para ampliar o campo da liberdade. Seria um processo, portanto, de libertação, que não se limita ao campo das lutas das minorias e à luta de classes, mas que põe também em cena o estatuto da liberdade individual, uma vez que deságua no universo da comunidade. Em outros termos, partindo da constatação fundamental dos procedimentos postos em ação pelos Estados modernos para conhecer e dirigir a vida das pessoas, a começar por suas vidas subjetivas, Foucault denomina, num de seus textos, "governo por individuação" o ato de buscar reconhecer os modos pelos quais certos indivíduos realizam, com êxito, um deslocamento ou uma subtração face aos saberes-poderes e às múltiplas técnicas de poder e de assujeitamento utilizadas pelas instituições e pelo Estado. A identidade pessoal, dessa maneira, pode ser e é, em boa parte e para a maioria das pessoas, o resultado de uma ação institucional e estatal bem-sucedida (para o ponto de vista dos dispositivos de poder, é claro); trata-se, nesse caso, de uma subjetividade assujeitada, normalizada, controlada pelas técnicas do poder. Contrapondo-se a esses processos individualizantes, através dos quais são internalizados certos padrões socialmente desejáveis de vida subjetiva, Foucault toma para si a palavra de ordem da recusa das formas de subjetivação impostas a todos nós durante os últimos séculos. Uma recusa que se desdobra numa elaboração de espaços de liberdade posteriormente tornados efetivos. Cabe a nós mesmos deliberar, criar, experimentar novas formas de subjetivação.

Bem entendido, o que está em jogo são processos de autonomização, subjetivos e objetivos, que se opõem às técnicas de individuação e normalização postos em ação pelos dispositivos de poder e de controle. Podemos efetivar, sob certas condições, ultrapassagens de limites postos diante de nós e em nós mesmos. Nesse sentido, Foucault é categórico: toda liberdade conquistada vem de uma superação de limites, como resultado de um combate calculado e estrategicamente bem-sucedido. Tem que estar em jogo uma razão estratégica libertária contrária a uma razão estratégica normalizadora e disciplinar. Isso está muito distante da ideia equivocada de que Foucault falaria de transgressão, do caráter transgressor da liberdade. Não seria o caso, pois ele põe em cena um enfrentamento estratégico agonístico sem termo e sem conciliação. A visão de luta pela autonomia percebida por Foucault não traria descanso, repouso, consolação (ou o prazer da obtenção de um fruto proibido, como seria no caso da transgressão). Por essa razão, tais resistências ao poder – postas em ação por subjetividades distintas, com questões específicas e bem diferentes em níveis, gêneros e graus de complexidade inerentes à diversidade de faixas etárias e condições sociais – pressupõem combates agonísticos de diferentes matizes e gradações. Todavia, Foucault vê o ponto máximo ou mais acabado da resistência ao poder, do ponto de vista filosófico, na ontologia crítica do presente.

O conceito de ontologia histórica do presente ou ontologia crítica do presente, noção forjada pelo último Foucault, está diretamente vinculada a esse campo de atuação política iniciado na subjetividade, e que incide necessariamente na vida coletiva e social, para além de toda e qualquer ideia de transgressão. No célebre texto intitulado *O que é esclarecimento?* de 1984, Foucault (1994, v. IV, p. 572), após abordar (e inverter, como o fez Kant, as noções de razão pública e razão privada), acaba por definir a questão do *Aufklärung* como "uma reflexão filosófica que diz respeito apenas ao modo de relação reflexiva para com o presente". Em primeiro lugar, esse campo de atuação é definido tal qual um *éthos*, uma atitude. Por sua vez, essa atitude define-se como uma *atitude-limite*, ou seja, como a transformação de uma "crítica sobre a forma de limitação necessária [transmutada] em uma crítica prática na forma de uma ultrapassagem possível" (p. 574). É de se notar que a ontologia crítica do presente não é uma tarefa fácil: ela tem como condição o diagnóstico, o mais claro e racional possível, do mundo que cerca os indivíduos. E que, de uma forma maior ou menor, interfere em suas formas de ser e de agir. Pressupõe, por outro lado, a decisão sobre o campo a se ultrapassar e os meios estratégicos dos quais os indivíduos podem dispor. Antecipa, finalmente, certas superações de limites que acabam por repor limites. Desse modo, a ontologia histórica do presente consiste num espécie de trabalho de Sísifo, no qual recomparece, a todo momento, a tarefa infinitamente aberta de levar a liberdade a seu limiar historicamente e socialmente possível.

O *Aufklärung*, percebido não como um período da história, mas como uma atitude, atitude de modernidade que implica um diagnóstico do presente histórico e das tarefas de libertação possíveis, acarreta um processo de autonomização em que estão postos frente a frente, agonisticamente falando, as formas possíveis de liberdade e o peso das relações de poder que fixam os sujeitos em campos de normalização e de acomodação social. Se um indivíduo pode criar, de si para si, uma ética ou uma estética da existência, somente poderá fazê-lo dando forma paciente à impaciência da liberdade, uma vez que tem que levar em conta tanto suas limitações subjetivas quanto as restrições do mundo social. A autonomia, vista sob esse ângulo, é tanto um procedimento racional em que se superpõem razão pública e razão privada, como também é a arte de enxergar e elaborar estrategicamente, visando ao êxito, um campo de autonomia, como bem lembra Foucault, possível e, por isso mesmo, passível de constantes reatualizações.

A utopia (termo pouco feliz de ser utilizado, pela percepção da necessidade de combates constantes pela liberdade) ou heterotopia de Foucault seria a governabilidade, entendida como autogoverno dos indivíduos livres e autônomos. Uma noção absolutamente paradoxal, uma vez que solicita alguma instância reguladora capaz de impedir que os combates agonísticos convertam-se pura e simplesmente numa guerra, ou ainda que se transforme, hipótese vislumbrada por Foucault, num outro modo de interferência da vida dos indivíduos, em nosso tempo, tais como todas as técnicas e os dispositivos de controle das vidas das pessoas postos em ação de modo eficaz na atualidade. A governabilidade tem, desse modo, sua contradição na governamentalidade; na verdade, a governamentalidade é a forma mais bem realizada do exercício do poder em sua versão liberal, burguesa, na qual cada cidadão é responsabilizado pelo comportamento dos outros, e convocado para o exercício cotidiano do controle sobre si e sobre os demais membros da sociedade. Nisso, Foucault está bem atento: o governo de homens livres uns face aos outros comporta, em seus fundamentos mesmo, uma ameaça decorrente do caráter acontecimental das relações de poder.

Entretanto, no projeto libertário de Foucault, nessa combinação peculiar de decisão livre e estratégia, muitos podem ter um acesso comum, coletivo e solidário, na dependência do grau de libertação realizado pelos membros da comunidade. Libertação que, nos termos de uma ética de inspiração kantiana, pressupõe limites advindos do próprio processo de realização da autonomia, que nunca se encerra. Afinal, um homem que articula razão pública e privada no exercício de sua existência é aquele que delibera, inicialmente, consigo mesmo, tendo que se vencer pela força da argumentação.

Subjetividade e relações de poder

Foucault era um militante esclarecido, determinado e cultivado. Não era um professor que desejava ter uma vida tranquila e cômoda, mas um homem preocupado com as tarefas abertas no presente histórico. Em seu pensamento e em sua vida, a análise fria e racional convive com palavras de ordem. No *O sujeito e o poder*, por exemplo, Foucault (1994, IV, p. 232) diz uma palavra de ordem: "É preciso promover novas formas de subjetividade, recusando o tipo de individualidade que nos foi imposto por tantos séculos". Cabe notar que a crítica à sociedade de controle, primeira etapa da análise da atualidade, recebe um complemento positivo: a meta política e ética advinda daí é a criação de uma subjetividade livre e autônoma, na contramão das técnicas postas em ação pelos poderes hegemônicos para padronizar, normalizar, disciplinar as pessoas e as massas.

Uma percepção constante de Foucault foi a de que, do século XVII em diante, a disciplinarização e a normalização dos indivíduos e das populações tornou-se um fato social e político decisivo; na verdade, todo esse processo foi antecipado por uma preocupação da igreja católica, que dizia respeito à prática da confissão, nos séculos XV e XVI: o poder pastoral. Como lembra o filósofo francês, o conhecimento do que os indivíduos pensam e o controle de suas práticas na coletividade são duas faces da estratégia de poder desde então praticada. No limiar da Idade Clássica, portanto, o poder pastoral já praticava e antecipava um saber-poder cada vez mais valorizado e exercido. O poder pastoral, cabe lembrar, "não pode se exercer sem conhecer o que se passa na cabeça das pessoas, sem explorar suas almas, sem forçá-las revelar seus segredos mais íntimos. Ele implica um conhecimento da consciência e uma aptidão em dirigi-la" (FOUCAULT, 1994, v. IV, p. 229).

No limiar da modernidade, tornando ainda mais complexo o arsenal de técnicas disciplinares e procedimentos de normalização, um conjunto formidável de saberes foi posto a serviço da produção de subjetividades e de individualidades. Inúmeros saberes e/ou ciências participam da trama complexa do poder, entram na dança dos saberes legitimados, economia, administração, pedagogia, sociologia, demografia, psicologia, história, filosofia, direito, todos com estatuto, contestado por muitos, mas ainda assim denominados "ciências humanas" e "ciências sociais". Para Foucault, antes de serem saberes de contestação e de resistência ao poder, como muitos acreditam, as "ciências do homem" são saberes produtivos, contribuindo para o processo de construção de individualidades conformadas às estruturas de poder consolidadas.

Existe a tentação de pensar que a analítica do poder foucaultiana seria um pessimismo: com tantas modalidades eficazes de utilização dos poderes, através do uso de saberes, tecnologias, procedimentos de controle e – no limite – mediante o uso do terror, não seria o pensamento do filósofo uma modalidade recente de constatação e descrição de que estamos submetidos a estruturas de poder tão poderosas que nada há a fazer? Se o poder, antes de tudo, é produtivo, antes de ser repressivo, como Foucault alerta, não estamos vivendo desde já uma sociedade consumada de controle total dos sujeitos e dos povos, capaz de superar todos os eventuais transtornos sociais com medidas eficazes de assujeitamento individual e coletivo? Não estamos condenados a aceitar os jogos do poder como uma fatalidade insuperável, resultados das relações de poder existentes, há muito tempo, nas sociedades ocidentais, e determinantes do modo de pensar e de agir atuais? A resposta vem do próprio Foucault (1994, v. IV, p. 39) e é categórica: seu ponto de partida teórico, nessa fase de seu pensamento, é tomar as diversas resistências aos diferentes tipos de poder como ponto de partida de seus trabalhos. Foucault, insistimos, é pensador e militante.

Todavia, nada de lugares-comuns: o igualitarismo radical e o ideal comunista de uma sociedade sem classes, por outro lado, não comovem e mobilizam Foucault. E a razão é bem simples: inexiste mundo sem forças, o mundo em que estamos é feito de forças advindas dos corpos e do encontro entre corpos. As relações de poder decorrem de um mundo de forças em afrontamento, de contraste e, quiçá, combate entre campos de intensidade diferentes. Por esse motivo, Foucault (1994, v. IV, p. 239) afirma: "uma sociedade sem relações de poder nada mais é do que uma abstração.

De tal modo que é possível e até mesmo imaginável que a "dominação" nas relações de poder não seja o modo principal de relacionamento político em sociedades nas quais as estratégias e as táticas de resistência aos poderes hegemônicos têm êxito em transformar situações aparentemente insuperáveis: "aquilo ao qual estou atento é o fato de que toda relação humana é, num certo sentido, uma relação de poder. Nós nos movimentamos num mundo de relações estratégicas perpétuas. Nenhuma relação de poder é má nela mesma, mas é um fato que comporta perigos, sempre" (FOUCAULT, 1994, v. IV, p. 374). Os dois polos, poder hegemônico e liberdade, em seu embate agonístico, geram contextos éticos e políticos sempre provisórios. O enfrentamento agonístico pressupõe campos de lutas sempre abertos, pela razão de que são constituídos por forças em lutas estratégicas sem descanso. Entre relações estratégicas e liberdade, portanto, fundam-se diversos campos acontecimentais do poder e da história.

"Acontecimento", cabe alertar, é um *conceito* filosófico muito importante e que tem um sentido peculiar. Muitos pensam, de maneira equivocada, que um acontecimento é o mesmo que um fato. Acontecimento, Foucault compreendeu bem seu estatuto ontológico[23]: não é um fato nem ocorrência para os órgãos sensoriais; antes disso, o acontecimento é um efeito transitório decorrente da força inerente a toda coisa do mundo, a todo corpo, de onde emanam forças de diferentes tipos. Dos corpos, do nexo entre corpos, no devir desses encontros, decorrem efeitos, transitórios, temporários, e os estoicos[24] foram os primeiros a designar isso como acontecimentos. Tradutores de pouca cultura filosófica, aqui e ali, traduziram "acontecimento" por "evento". O acontecimento é um efeito temporário do jogo de forças e dos encontros corporais. O acontecimento, portanto, não é um corpo, mas decorre dos corpos, o que levou Foucault a repetir, inúmeras vezes, que sua teoria era tributária do "materialismo do incorporal". Os acontecimentos-forças remetem a um mundo agonístico de relações cujo caráter é vitalista. O mundo é um complexo campo de forças vitais, que entretém umas com as outras modalidades diversas de articulação e causalidade que não constituem um mundo simples, óbvio, monótono. O mundo é complexo, feito de feixes

---

[23] Pois Foucault estudou os livros de Bréhier sobre os estoicos e escreveu o importante texto sobre o *Lógica do sentido*, de Gilles Deleuze, texto número 80 do *Dits et écrits*, traduzido e publicado em Portugal no opúsculo que tem o mesmo nome que recebeu em francês: *Teatrum philosophicum*. Lá está esboçado um projeto de ontologia que perdura em muitos de seus textos, desde então, sem que nunca tenha recebido nenhum acabamento final. A vida, mais que a teoria, o presente, mais que reflexão distanciada e fria, afetaram o pensamento de Foucault de modo decisivo.

[24] A teoria dos acontecimentos dos estoicos e seu materialismo do incorporal (como bem designou Bréhier tais ideias filosóficas) em seu livro *La théorie des incorporels dans l'ancien stoïcisme*, de 1982 – e faço questão de ressaltar, que tanto influenciaram teorias filosóficas ao longo da história, foram retomados com real vigor pelo pensamento francês contemporâneo, em especial a partir dos anos 1950. A Autêntica Editora publicou uma tradução desse pequeno e importante livro em 2012, a primeira tradução fora da França.

diferentes de conexão entre forças, onde o embate é parte constitutiva e no qual a vida e a força estão no ponto de irrupção das relações existentes.

Sem dúvida, Foucault é vitalista, sustenta um vitalismo ontológico. Seu vitalismo, associado a seu anti-humanismo, leva-o a pensar uma visão da história e da subjetividade acontecimental, multicausal, descontínua. Nunca é demais lembrar da crescente influência de Nietzsche em seus trabalhos, sobretudo a partir do início dos anos 1970. Finalmente, a partir de fins dos anos 1970, seu anti-humanismo recebe nome próprio: a subjetividade, a individualidade, o mundo social, todos decorrem de um campo de tensão agonístico e histórico, resultam do confronto entre as relações de poder e as insubmissões das liberdades, situados no instável e contingente campo da atualidade. O homem, assim pensado, nada mais é que uma série de ocorrências transitórias, num campo de lutas sempre aberto. Essa é, precisamente, a problematização central que mobiliza o "último Foucault", no que diz respeito à ética e à política: como criar novas formas de subjetividade e de experimentações políticas a partir de forças que agem no sentido de determinar os sujeitos e assujeitá-los?

Trata-se, no processo de liberação, de abrir caminhos para a invenção de novas práticas de pensamento, de práticas éticas novas e de práticas políticas inovadoras. Na atitude-limite, porque está na fronteira, no limiar, porque está num campo estratégico de luta, toda transformação mostra-se parcial e circunscrita (por oposição a todo projeto de transformação social global e radical). Específica é a luta de liberação, como parciais são os resultados práticos das lutas advindas da recusa do assujeitamento. Nada de gestos demasiado heroicos nem de perspectivas de futuro messiânicas. Os projetos de transformação sociais do século XX, pouco importando sua coloração ideológica, não levaram a nada além de decepções, sacrifícios coletivos, dores do mundo. As razões parciais e sob limites, apesar de todos os riscos, realizam transformações que podem ser tanto individuais quanto coletivas ou comunitárias, pois esses são agentes em relações de poder com força para transformarem e ultrapassarem limites sempre que se apresentarem situações oportunas. Em todo caso, toda tarefa de libertação é resultado do "trabalho de nós mesmos sobre nós mesmos como seres livres" (FOUCAULT, 1994, v. IV, p. 575). As tarefas de liberação, individuais ou coletivas, porque são feitos numa ótica parcial e por estarem sempre diante de uma limitação a ser superada, acabam por levar Foucault a postular a hipótese da agonística interminável da liberdade e de suas lutas nas relações de poder: "a experiência teórica e prática que fazemos sobre nossos limites e sua superação possível é sempre limitada, determinada, devendo, pois, recomeçar" (p. 575). As lutas de liberação são constantes e diversas, em seus escopos próprios, múltiplas dimensões, momentos variados da vida individual ou da história das coletividades, comportando diferentes modalidades de realização na experiência humana. Não são apenas as lutas que são muitas, mas são muitos os momentos, graus, gradientes e etapas dessas lutas, dependendo de muitos fatores, o que faz da ultrapassagem um ganho conquistado diferencialmente pelas pessoas e pelas sociedades.

A liberdade subjetiva e coletiva, portanto, tem na prática sua prova. É na prática que a luta pela liberdade tem sua vida plena e exprime toda sua força nas experiências de transformação dos sujeitos e das relações de poder. É por esse motivo que o trabalho crítico é sua condição prévia: a razão, quando põe limites ao uso da razão, à própria razão e à consciência, exige, logo depois, e aí está o que é o mais importante, "o trabalho sobre nossos limites, isto é, um labor paciente que dá forma à impaciência da liberdade" (FOUCAULT, 1994, v. IV, p. 578).

Kant no último Foucault:
liberdade e política

Michel Foucault, ao longo de toda sua vida teórica, refere-se de maneira constante a Immanuel Kant. Tal referência e homenagem ao pensador alemão está presente seja no apêndice de sua tese de doutorado, seja em diversos artigos,[25] assim como tem lugar importante em seu último curso do Collège de France.

Entre Foucault e Kant, certamente, existe uma enorme distância: de escopo, objetivo, finalidade e estilo, de tal monta que sequer valeria a pena demarcar fronteiras entre um e outro. Todavia, cabe notar que Kant preocupava-se com as questões relevantes e públicas de seu tempo, a tal ponto que escreveu um texto de opinião jornalístico (a partir de uma convocação pública e geral feita pelo próprio jornal), o *Was ist Aufklärung* com o propósito de debater com pontos de vista distintos do seu sobre política e sobre as tendências do processo histórico, etc.[26] Essa particularidade de Kant, a de debater sobre as questões importantes de sua época, não foi negligenciada por Foucault, que por sua vez sempre sustentou que a função mais significativa da filosofia é a de realizar o "diagnóstico do presente".

O modo pelo qual Kant analisou a relação entre liberdade, autonomia e racionalidade, imaginando qual seria o uso possível da racionalidade para o exercício da liberdade e da autonomia, nesse artigo de jornal, é de tal monta, que é apresentado como sendo fonte incômoda e incontornável de todo pensamento na modernidade: "Imaginemos que o *Berlinische Monatsscrift* existisse ainda hoje e que ele levantasse a seus leitores a questão 'O que é a filosofia moderna?'; talvez pudéssemos responder, fazendo eco: a filosofia moderna é a que tenta responder à questão lançada, há

---

[25] O mais importante desses artigos, sem dúvida, é o que está *presente*, seja nos *Dits et écrits*, seja no livro de Dreyfus e Rabinow.

[26] Kant também escreveu textos sobre temas como dieta (era macrobiótico convicto, o que para a época era algo muito à frente de seu tempo).

dois séculos, com tanta imprudência: *Was ist Aufklärung?*" (FOUCAULT, 1994, v. IV, p. 562-563).

O *Was ist Aufklärung?* de Kant, malgrado ser tido por alguns estudiosos como um texto menor, é posto em cena pelo fato de trazer uma questão da maior relevância: "quem nós somos, neste momento preciso da história?" (FOUCAULT, 1994, v. IV, p. 231-232). Foucault acrescenta ainda: "a análise crítica do mundo no qual vivemos constitui, cada vez mais, a grande tarefa filosófica. Sem dúvida, o problema filosófico mais infalível é o do momento presente, do que nós somos nesse preciso momento" (p. 232). Tematizar como os indivíduos e, por extensão, parcelas do corpo social podem se libertar do assujeitamento, tornando-se ativos e mais independentes, eis o que mobiliza Foucault.

A presença de Kant na obra do último Foucault, sem dúvida, considerando as preocupações quanto ao estatuto da individualidade diante das técnicas de assujeitamento, o que redimensiona o papel da esfera pública e a esfera da vida privada, tem um estranho lugar e função. Com tantos precursores mais próximos desse tipo de tratamento político, por que o recurso a Kant? Por que não Nietzsche ou Hegel? Por que não chegar a fontes mais atuais, como Deleuze e Guattari, que tanto se empenharam em propor o devir? Ou Hannah Arendt ou Habermas? Não existiria uma tensão fundamental entre o formalismo kantiano e as exigências práticas de transformação dos indivíduos de segmentos sociais diferentes em Foucault?

A linha de argumentação de Foucault segue à risca, num primeiro momento, o texto do filósofo alemão. No *Qu'est-ce que les Lumières?*, de 1984, Foucault indica, ainda, sempre de maneira sucinta, alguns elementos imprescindíveis de sua leitura de Kant. Primeiro ponto que ressaltamos: para o pensador francês, todo o pensamento contemporâneo faz eco à questão imprudentemente lançada por Kant, "o que é esse acontecimento intitulado Aufklärung e que determinou, ao menos em parte, o que somos, o que pensamos, o que fazemos hoje? (FOUCAULT, 1994, v. IV, p. 562). Para Foucault, lembremos uma vez mais, "de Hegel a Horkheimer ou Habermas, passando por Nietzsche ou Marx Weber, praticamente não existe filosofia que, direta ou indiretamente, não tenha se confrontado com essa questão" (p. 562).

Foucault (1994, v. IV, p. 564) acrescenta ainda, segundo ponto que ressaltamos, que a questão levantada por Kant diz respeito à "pura atualidade", isto é, ela "não procura compreender o presente a partir de uma totalidade ou de um futuro acabamento; ela procura uma diferença: que diferença o hoje introduz em relação ao passado?". Este é, certamente, um aspecto constante do pensamento de Foucault; desde os anos 1960, ele insistiu na ideia de que a filosofia é análise do tempo presente, é diagnóstico do hoje, para fora de todas as categorias tradicionais do hegelianismo-marxismo. Isto é, Foucault não entende que a atualidade seja uma etapa que decorre da "racionalidade" da história e do real, mas o resultado de uma luta agonística com focos, posições e finalidades de alcance distintos, sem qualquer coordenação lógica interna ou tendência teleológica, o que faria do presente um resultado apenas provisório de um jogo sem nenhuma carta determinante ou lugar privilegiado do exercício do poder. Disseminado em todos os lugares do campo social, os poderes fazem sempre parte de um estratégico e provisório jogo agonístico, e pensar o hoje, nesse quadro referencial complexo, passa a ser uma difícil questão.

Terceiro ponto: na medida em que a questão do esclarecimento diz respeito à passagem da minoridade[27] à maioridade, ao caminho que leva do assujeitamento à autonomia, do qual os únicos culpados são aqueles que aceitam e que querem permanecer minores e tutelados, "em todo caso, a *Aufklärung* define-se pela modificação das relações entre vontade, autoridade e uso da razão" (FOUCAULT, 1994, v. IV, p. 564). Desse modo, o esclarecimento é um processo de modificação da vontade, pela qual o indivíduo passa a ousar e a agir de acordo com o uso livre da razão. O esclarecimento é signo de um ousado processo de saída da aceitação passiva da tutela de alguma forma de autoridade, seja ela civil, religiosa ou médica (científica).

No entender de Foucault, o texto de Kant traz ainda outra questão importante, na forma de uma ambiguidade: aquela existente entre a de a *Aufklärung* ser tanto um processo em curso, como também uma tarefa a ser cumprida. Como Kant afirma que a *Aufklärug* é uma linha divisória, advinda da coragem e audácia do saber, da decisão de ser livre, ela é simultaneamente "um processo do qual os homens tomam parte coletivamente e também um ato de coragem a se efetuar de forma pessoal"(1994, v. IV, p. 565). Existe, portanto, na leitura foucaultiana, uma efetiva dimensão social no pensamento kantiano, em que a razão livre cumpre seu papel inicialmente no plano da individualidade e tem seu arremate no plano sociopolítico, no qual indivíduos livres, quando associados, podem e devem fazer valer seus direitos e prerrogativas de pessoas racionais e livres.

A partir daí, Foucault ressalta a tensão existente entre o que se origina da obediência e o que decorre do uso da razão. Para Kant, o estado de maioridade ocorre quando se sai da pura obediência e se utiliza a razão.

---

[27] Prefiro a expressão a expressão "minor", que designa um submetimento e dependência que nada tem a ver a menoridade jurídica ou etária. Há os que se minoram, que se diminuem, ao longo de toda a sua vida.

A expressão "obedeça, mas raciocine tanto quanto quiseres" sintetiza o estado de maioridade, invertendo, e isso é da maior importância, o que o senso comum entende por liberdade de consciência. Na linha de argumentação kantiana, existe distinção entre uso público e uso privado da razão, com a característica de que "a razão deve ser livre em seu uso público e deve ser submissa em seu uso privado" (FOUCAULT, 1994, v. IV, p. 566). Nesse caso, é o contrário do que a tradição entende por liberdade da consciência, pois o uso da racionalidade, quando pública, exige o uso de uma razão universal. Por esse motivo, Foucault alerta que "existe *Alfklärung* quando existe superposição do uso universal, do uso livre e do uso público da razão" (p. 566).

A leitura de Foucault não deixa dúvidas quanto ao papel da razão universal como condição para o exercício da liberdade, no único exercício ético viável na esfera pública. Não se trata de adaptar o indivíduo ao mundo social, nem de justificar a independência da esfera privada contra as interferências indevidas das instituições sociais. A questão é a de elevar o campo da política à universalidade da questão ética, num plano superior ao da moralidade e da legalidade, aqui entendidos em sua acepção comum. A *Aufklärung* exige a interdependência da ética e da política, como realizações da universalidade da razão. Isso acarreta, no entender de Foucault, importantes efeitos na *práxis* política, e põe em cena um verdadeiro problema político. A longa citação a seguir torna-se necessária:

> A questão que se impõe, em todo caso, é o de saber como o uso da razão pode assumir a forma pública que lhe é necessária, de saber como a audácia de saber pode se exercer à luz do dia, enquanto os indivíduos deverão obedecer tão exatamente como é possível. Kant, para terminar, propõe a Frederico II, em termos velados, uma espécie de contrato. O que poderia ser chamado de contrato do despotismo racional com a livre razão: o uso público e livre da razão será a melhor garantia da obediência, com a condição, entretanto, de que o princípio político ao qual se deve obedecer seja ele mesmo conforme a razão universal (FOUCAULT, 1994, v. IV, p. 567).

Observe-se que essa questão posta por Kant não poderia deixar de fascinar Foucault, pelo fato de que se justifica, de forma integral, as lutas emancipatórias, tidas como legítimas lutas de contestação ao poder, uma vez que a desobediência civil está justificada quando apoiada na razão universal, contradizendo as particularidades e a indigência ética do governo, instituições jurídicas e políticas ou do próprio Estado. Trata-se, nesse caso, do embate de alguns poucos, porta-vozes da consciência e da razão universal contra muitos indivíduos, instituições e até mesmo o Estado, por seu lado em desacordo (como quase sempre estão) com a razão universal.

O lugar da *Auflärung* no sistema kantiano é da maior importância: dá-se a partir do momento em que os indivíduos passam a fazer uso de sua razão sem se submeter a nenhuma autoridade. Para esse fim, "a crítica é necessária, pois ela tem por função definir as condições nas quais o uso da razão é legítimo, ao determinar o que podemos conhecer, o que se deve fazer e o que é permitido esperar" (FOUCAULT, 1994, v. IV, p. 567). Daí nasce a sintética fórmula de Foucault: "a Crítica é, de certo modo, o livro de bordo da razão tornada maior na *Aufklärung*; inversamente, a *Aufklärung* é a idade da Crítica" (p. 567).

A importância do texto kantiano na apreciação de Foucault vem da grande novidade das questões que abre: "parece-me que é a primeira vez que um filósofo liga, deste modo, de forma estrita e interna, a significação de sua obra com relação ao conhecimento, uma reflexão sobre a história e uma análise particular do momento singular no qual escreve e por causa do qual escreve. Kant inicia, assim, a discussão sobre a modernidade" (FOUCAULT, 1994, v. IV, p. 568).

Entretanto, Foucault (1994, v. IV, p. 568) vai procurar dar a essa discussão da modernidade um conteúdo positivo, complementando, a seu modo, a análise kantiana. Passemos ao texto:

> [...] se a questão kantiana era a de saber quais limites o conhecimento deve renunciar a ultrapassar, parece-me que a questão crítica, hoje, deve ser transformada numa questão positiva: naquilo que nos é dado como universal, necessário, obrigatório, qual é a parte que é singular, contingente e devida a obrigações arbitrárias. Trata-se, em suma, de transformar a crítica exercida na forma de limitação necessária numa crítica prática na forma da liberação possível.

Kant é relido e reavaliado de maneira a se converter no mentor das lutas de libertação, em que o papel da crítica é "procurar relançar tão longe e o mais amplamente possível o trabalho indefinido da liberdade" (p. 568). O trabalho de ampliação da liberdade, portanto, passa a ser labor interminável dos sujeitos racionais e livres, como se eles estivessem fadados a ampliar nossa ontológica condição de seres livres (não esqueçamos que, nessa fase, Foucault é categórico em afirmar que a liberdade é condição ontológica do homem); mas ela deve se fazer e se refazer de modo constante: "a experiência teórica e prática que fazemos de nossos limites e de sua possível ultrapassagem é sempre, em si mesma limitada, determinada, devendo, pois, recomeçar" (p. 575). Esse é, estrito senso, o cerne da "ontologia crítica de nós mesmos", isto é, um diagnóstico do presente e o estabelecimento das formas de liberação possíveis, a partir de nossas incontornáveis limitações, de diferentes naturezas, mas sempre superáveis e passíveis de renovação.

As limitações formais e históricas da liberdade, portanto, não devem ser negadas, sob pena de o trabalho ético e político tornar-se ilegítimo e ilusório (FOUCAULT, 1994, v. IV, p. 567); pensar o exercício da liberdade sem enraizamento e encarnação é, nada mais, nada menos, que dogmatismo e atopia. Foucault, nesse ponto, é extremamente cauteloso, cuidando de seguir à letra o espírito kantiano. O trabalho infinitamente reatualizável da liberdade "tem sua generalidade, sua sistemática, sua homogeneidade, seu contorno. Ou seja, ele não pode se realizar na desordem e na contingência" (p. 567). O trabalho de ampliação da liberdade, por esse motivo, é meticuloso, estratégico, calculador; ele é, se quisermos usar noções tomadas de empréstimo de Nietzsche, apolíneo, complementando impulsos dionisíacos.

A exigência de racionalidade e método, enfim, de cálculo estratégico, na realização de trabalho de libertação, faz da atitude de liberdade uma prática que nada tem a ver com a transgressão, interpretação tão equivocada que tem obcecado certos intérpretes de Foucault. Libertação e atitude-limite são expressões quase sinônimas em Foucault, denotando uma prática feita nos limites e sobre limites. A atitude-limite, assim, é para ser pensada como uma tarefa infinitamente renovável de ultrapassar limites para reencontrar-se em novos limites e ultrapassá-los, etc. Ultrapassagem e superação, nesse sentido, nada tem em comum com um banal e pseudoafrontamento ou transgressão das normas e dos padrões, sem a presença de autonomia e racionalidade estratégica. Nesse particular, que fique evidente o caráter provisório e estratégico das práticas de libertação, pois são conquistas reais, sem qualquer conotação de ordem psicológica. Os efeitos políticos da superação de limites, assim, são inegáveis: os indivíduos e grupos sociais que se singularizam pelo exercício da liberdade são os que recusam e superam a alienação pessoal e a dos movimentos de massa, pouco importando a ideologia.

A atitude-limite vem no contraponto da tentação contemporânea advinda das experiências totalitárias e totalizantes do século XX, independentemente do matiz ideológico. Quando se vincula à tradição kantiana, com sua vocação libertária, Foucault usa Kant para incitar ao novo. Pois fazer o novo, para Foucault, pressupõe um diagnóstico de presente ancorado no uso conjunto da razão e da liberdade, abrindo para um porvir e para uma esperança renovada, mas dentro de medidas e sob condições, o que não retira, bem entendido, o caráter projetivo de Foucault (1994, v. IV, p. 693), ao partir dessa crença fundamental: "eu creio, solidamente, na liberdade humana".

Kant-Foucault: autonomia e analítica da finitude

Em sua maturidade intelectual, Foucault, em artigos e entrevistas, fala por vezes na oposição entre Descartes e Kant. Essa oposição teria motivações tanto históricas como filosóficas. Segundo Foucault, Descartes, quando pergunta sobre o eu, o faz de tal maneira que sua resposta acaba sendo a de que é um sujeito único, universal e a-histórico. O eu cartesiano é uma substância que não se descreve por suas circunstâncias; ao contrário, o eu é condição do conhecimento e das representações. Kant, por sua vez, teria levantado uma problematização de ordem completamente distinta, como veremos a seguir.

Nosso interesse, neste exato momento, todavia, vem da oposição Descartes-Kant exposta no *As palavras e as coisas*. No importante livro de 1966, Foucault descreve, em pormenores, o processo de transformação do saber da Idade Clássica para a Idade Moderna, períodos nos quais Descartes e Kant desempenham papel central, respectivamente. Nossa hipótese é a de que Kant (apesar das críticas dirigidas a ele por Foucault) contribui para a modificação do importante papel do sujeito incondicionado do racionalismo quando institui, em sua filosofia crítica, lugar para a finitude e, nesse mesmo golpe, conduz a uma nova visão do homem, no sentido contemporâneo da palavra. Tal ideia de homem, por sua vez, influencia e fornece as condições de possibilidade para a autoelaboração dos sujeitos, nas técnicas de si mesmo, a partir do século XIX, com reflexos na atualidade.

A tecnologia de si – com todos os cuidados que os indivíduos devem ter e exercitar para levar a cabo uma vida bela e plena, cuja trajetória é, sem cessar, da juventude à velhice, pautada pela ética – tornou-se, sem dúvida, um tema que cativou Foucault em sua maturidade intelectual. A preocupação consigo mesmo e com os outros, o trabalho de se autoconstituir com autenticidade e pertinência, em conformidade com a verdade que faz nexo entre o que se pensa e o que se faz, é um campo de problematização relevante, talvez crucial: "nessa cultura de si da época romana, 'ocupar-se de si' não era apenas uma obrigação para um jovem, em função de sua educação insuficiente: ele deveria cuidar de si por toda sua vida [...] As pessoas se educam a si próprias durante toda sua vida, e vivem igualmente para poderem se educar" (Foucault, 2001a, p. 421).

O foco dessas análises históricas foi o helenismo, mas tal período não é único nem exclusivo. Mais conhecido como cuidado de si, ou, segundo o termo advindo da Grécia, como parrésia, o tema do estilo de vida que o sujeito constrói para si mesmo e para os demais tem enorme alcance social e político. A tecnologia de si torna-se um tema filosófico fundamental, ao ver de Foucault, com a atenção concedida, àquele tempo, ao cuidado com o indivíduo, com reflexos na participação social e na deliberação coletiva; num caso e noutro, a questão ética, filosófica e política sobre a questão da verdade do sujeito consigo mesmo e com os outros é o ponto de partida para que um indivíduo possa assumir sua responsabilidade pessoal e coletiva; ademais tal procedimento deveria ocorrer sem interferências de ordem psíquica, como a adulação ou a preguiça, nem impositiva, como a pressão militar, nem mesmo política, como os riscos da exposição a um público hostil ou a um tirano.

Nos cursos publicados postumamente, Foucault chega a esboçar uma história dos diversos momentos em que foram possíveis que se estabelecessem relações filosóficas e espirituais dos sujeitos consigo mesmos, segundo o estrito ponto de vista de uma autoelaboração com reflexos ético-políticos. No *Hermenêutica do sujeito*, um dos cursos nos quais tal problematização é levantada, Foucault afirma que a preocupação com o cuidado de si, que tinha nascido na Grécia, sofre tamanhas modificações com o cristianismo ou com a teologia cristã, que deixa de ser uma realidade palpável durante cerca de doze séculos. A impossibilidade absoluta do cuidado de si, todavia, advém com o que Foucault denomina de "momento cartesiano", período que não é vinculado tão somente a Descartes. Na aula de 6 de janeiro de 1982, Foucault explica o momento cartesiano reportando-o às diversas modalidades de explicitação do *corpus* teórico da idade moderna (que Foucault periodiza como época clássica), que restringe o sujeito a ser tão somente um sujeito do conhecimento. O século XIX restabeleceu, entre outras coisas, os vínculos entre filosofia e espiritualidade, rompendo, assim, com o "momento cartesiano", o que deixa marcas, ainda hoje, nas correntes filosóficas contemporâneas. Vejam:

> Pode-se pensar, creio, toda a história da filosofia do século XIX como uma espécie de pressão pela qual se procurou repensar as estruturas da espiritualidade no interior de uma filosofia que, desde o cartesianismo, ou seja, a filosofia do século XVII,

procurava se afastar dessas mesmas estruturas. Donde a hostilidade, por sinal profunda, que todos os filósofos de tipo "clássico" nutrem – Descartes, Leibniz, etc., assim como todos os que se percebem nessa tradição – em face dessa filosofia do século XIX, que, com efeito, levanta, ao menos implicitamente, a antiquíssima questão da espiritualidade, e que retoma (sem dizê-lo) o cuidado com o cuidado de si" (FOUCAULT, 2001b, p. 30).

Kant é posto no centro da cena teórica, a partir de 1978, quando o que está em questão é essa tarefa de autoelaboração e transformação dos vínculos dos indivíduos consigo mesmos e com o mundo social. Quando Foucault refere-se[28] ao texto de opinião do filósofo publicado em jornal, em 1794, sob o título *Was ist Alfkärung?*, seu texto reverencia as teses kantianas: "pela primeira vez, um filósofo propõe como tarefa filosófica analisar não somente o sistema ou os fundamentos metafísicos do saber científico, mas um acontecimento histórico – um acontecimento recente, da atualidade" (FOUCAULT, 1994, v. IV, p. 231). Nessa leitura de Foucault, Kant é um pensador inaugural, pois põe no centro das reflexões filosóficas a história presente, com suas vicissitudes e as grandes dificuldades em diagnosticar a atualidade. Ao mesmo tempo, tal questão kantiana leva à pergunta sobre quem somos nós, como indivíduos pertencentes a uma época, a uma atualidade, o que implica um trabalho para que nós nos contextualizemos, para que seja diagnosticado qual seria nosso pertencimento ao nosso momento histórico, e para que saibamos a que transitoriedade estamos vinculados.

Quem somos nós, como passageiros de um tempo que nos envolve e marca nosso modo de ser histórico? Simultaneamente: quem somos nós, como seres pensantes ou pensadores que participamos e transformamos essa etapa histórica? Como, via esclarecimento, percebemos nossa imersão no momento histórico e os desafios com os quais nos defrontamos?

Inaugurando a idade da Crítica, Kant fornece instrumentos através dos quais a razão também procura impor limites aos excessos da racionalização política iniciado a partir do século XVIII: "a partir de Kant, o papel da filosofia é o de impedir a razão de exceder os limites do que é dado na experiência; mas, também, desde essa época – isto é, desde o desenvolvimento do Estado moderno e da gestão política da sociedade – a filosofia tem por função, igualmente, de vigiar os poderes excessivos da racionalidade política" (FOUCAULT, 1994, v. IV, p. 224).

---

[28] Vide texto 306, apenas como exemplo, pois há muitos outros, do *Dits et écrits*, sob o título "Le sujet et le pouvoir".

É importante observar que Foucault, de maneira constante, opõe Kant a Descartes, exatamente no tema da subjetividade e do presente. Vamos ressaltar essa passagem:

> Para dizer as coisas de outro modo: "quem somos nós?". Quem somos nós como *Aufklärer*, como testemunhas do século do Esclarecimento? Comparemos com a questão cartesiana: quem sou eu? Eu, como sujeito único, todavia universal e a-histórico? Quem sou *eu*, *eu*, pois Descartes é toda a gente, não importa onde e em qual momento. Mas a questão que Kant levanta é diferente: quem somos nós, neste momento preciso da história? (FOUCAULT, 1994, v. IV, p. 231-232).[29]

Foucault enxerga, na resposta kantiana sobre o esclarecimento, uma novidade radical, que permite, a partir da pergunta sobre nossa atualidade, que exerçamos uma atividade ou uma atitude de modernidade,[30] quiçá uma militância pela qual não devemos nos esforçar tanto em descobrir o que nós somos, "mas [...] recusar o que nós somos" (FOUCAULT, 1994, v. IV, p. 232). Kant seria emblemático nesse assunto, pois seu texto publicado no *Berliner Monatschrift* teria forte conteúdo libertário, ao situar a questão do esclarecimento, não como um momento da história, mas como uma ultrapassagem[31] ou ponto de partida.[32] Tal ultrapassagem ou ponto de partida é indicado como uma saída da minoridade e como uma entrada (nem sempre definitiva e sempre renovável) na maioridade, entendida

---

[29] Que Kant seja referência para as ideias de Foucault no que diz respeito à autonomia, com reflexos na questão da liberdade, do dizer verdadeiro, da criação de si mesmo, é confirmado pela leitura do *Hermenêutica do sujeito* e *O governo de si e dos outros*, assim como em seus textos e artigos.

[30] O texto de Foucault é claro, nesse assunto: "eu me pergunto se não é possível se considerar a modernidade mais como uma atitude do que como período da história. Por atitude, eu quero dizer que é um modo de relação para com a atualidade; que é uma escolha voluntária que é feita por alguns poucos; que é, enfim, uma maneira de pensar e sentir, e também uma maneira de agir e de se conduzir que, simultaneamente, caracteriza um pertencimento e se apresenta como uma tarefa. Sem dúvida, lembra um pouco o que os gregos chamavam de *éthos*" (FOUCAULT, 1994, v. IV, p. 568).

[31] Essa noção de ultrapassagem pode ser vista nesse fragmento do texto: "Eu caracterizaria, portanto, o *éthos* filosófico específico da ontologia crítica de nós mesmos como uma prova histórico-prática dos limites que devemos ultrapassar, logo trabalho de nós mesmos sobre nós mesmos, como seres livres" (FOUCAULT, 1994, v. IV, p. 575).

[32] No *Governo de si e dos outros*, o que definiria a *Alfklärung*, em primeiro lugar, é a expressão *Ausgang*, que seria uma saída, um ir além: "o que Kant designa como o momento da *Aufklärung* não é nem um pertencimento, nem algo iminente, nem um ponto de chegada, também não é exatamente uma passagem, uma transição de um estado a outro [...] Ele simplesmente designa o momento presente como '*Ausgang*',como saída, partida, movimento pelo qual nos afastamos de alguma coisa, sem que nada seja dito sobre para qual direção se vai" (FOUCAULT, 2008, p. 27).

como resultado do momento a partir do qual uma pessoa decide tornar-se independente, e passa a pensar por ela mesma, sem necessidade de estar subordinada, de modo passivo (e voluntário), a tutores, guias, mestres, senhores, pastores. Para Kant, alcançar a maioridade, atividade difícil, árdua, caminho com quedas e dificuldades, envolve uma decisão de não mais se aceitar a condição de minoridade[33] na qual muitos (a maioria das pessoas), por toda a sua vida, por preguiça e descaso, preferem permanecer.

Segundo Kant, "o esclarecimento se define como a saída do homem para fora do estado de minoridade, no qual ele se mantém por sua própria culpa. A minoridade é a incapacidade de se servir de seu próprio entendimento sem ser dirigido por um outro. Ela *deve-se à nossa própria culpa* quando resulta, não de uma falta de entendimento, mas de uma falta de resolução e de coragem para se servir dela sem ser dirigida por um outro" (KANT, 1967, p. 497). A máxima ou lema do esclarecimento, para o filósofo alemão, é *Sapere Aude!*, é ter a coragem, a audácia de conhecer, de conhecer-se, é ter a coragem de pensar por si mesmo. Através dela, o indivíduo passa a recusar certo padrão de comportamento instituído de fora, feito por aqueles que vivem do controle das subjetividades, como seriam os médicos, os padres, os burocratas, os políticos (todavia, esses "senhores" só existem a partir da mescla entre oportunismo e falta de determinação das pessoas que abrem mão de sua independência). E o indivíduo que era dependente e assujeitado, quando da determinação pela autonomia, torna-se, passo contínuo, uma pessoa mais independente e livre, passando a viver com todos os impasses e dificuldades que tal decisão pela vida e pelo pensamento autônomo acarreta.

A passagem da minoridade para a autonomia, seguindo o texto kantiano, decorre de um ato de coragem pelo qual deixamos de imaginar os ganhos que podemos ter com a aceitação de padrões de conduta e de vantagens possíveis, disponibilizados pelas normas morais e pelo mundo social regido pelos interesses mundanos e segundo as oportunidades. Kant tinha uma percepção muito clara do tipo de relação entre os minores e seus tutores-guias, alertando até mesmo para o aspecto mercantil, burguês, dessa modalidade de relação mestre-seguidor. Vejam esta passagem, plena de ironia: "É tão cômodo ser minor [...] Eu não sou obrigado a

---

[33] Entendo que Kant deixa claro que permanecer na dependência de outros, como subordinado e assujeitado, não é algo que acontece tão somente na menoridade jurídica, uma curta etapa da vida das pessoas. A dependência de tutores e de mestre representa, acima de tudo, uma opção deliberada pela ausência de autonomia e de pensamento independente. É a pessoa que se minora, que se torna pequena, que se torna menos do que poderia ser, ao permanecer menor por toda sua vida. E isso é uma questão de vontade ou de determinação, segundo Kant.

pensar, desde que eu possa pagar. Outros se ocuparão, para mim, dessa tarefa tediosa" (KANT, 1985, p. 497). A Crítica tem o efeito paradoxal de levar a uma experiência de libertação, de superação de limites, chegando a uma situação na qual o sujeito se percebe logo depois dentro de limites, que vêm a ser ultrapassados, processo interminável de invenção de novas formas de vida e de novas experiências sociais. O trabalho da liberdade e seu papel de resistência nas relações de poder, realizado pelas atitudes-limite, são intermináveis. E isso é uma demonstração cabal do poder da liberdade.

Em outras palavras, para Foucault, foi Kant quem reformulou a questão do sujeito do conhecimento proposto por Descartes, momento inaugural que se iniciou a partir do momento em que o filósofo alemão perguntou-se sobre quais seriam as relações entre o sujeito da moral e o sujeito do conhecimento, problema deixado em aberto pelo "momento cartesiano". Kant proporia uma formulação toda nova: "a solução de Kant foi a de encontrar um sujeito universal que, na medida em que era um sujeito universal, podia ser um sujeito do conhecimento, mas que exigia, entretanto, uma atitude ética – precisamente a relação consigo mesmo que Kant propõe na *Crítica da razão prática*" (FOUCAULT, 1994, v. IV, p. 630-631). Com Kant, o sujeito deixa de ser incondicionado, não é mais sujeito absoluto das representações, mas passa a constituir uma relação consigo mesmo e a ter inquietação com seu modo de ser, com sua verdade. O que seria a renovação, na modernidade, de toda uma tradição aberta pela filosofia grega: "a existência do discurso filosófico, desde a Grécia até hoje, está precisamente na possibilidade, ou na necessidade deste jogo: nunca levantar a questão da *alétheia* sem relançar, ao mesmo tempo, no que se refere a essa verdade, a questão de *polithéia* e do *éthos*" (FOUCAULT, 2009, p. 63).

Eis uma das hipóteses mais importantes da última fase de Foucault: Kant abriria uma nova via para pensarmos nossa relação conosco mesmos, uma vez que não somos somente suportes do conhecimento como no cartesianismo, mas estabelecemos complexas relações entre o pensar, agir e sentir, pondo em ação diferentes modalidades de utilização das faculdades, com diferentes fundamentos. Uma vez que são muitas as possibilidades de utilização da razão, do entendimento e da sensibilidade, competiria ao sujeito instituir novos usos de suas potencialidades. Como alerta Foucault, inspirado em Kant, os sujeitos podem se ultrapassar, podem sair da minoridade, podem assumir o risco de pensarem por si próprios, de proporem para eles mesmos e para os outros novas formas de viver; ademais, assumindo o uso livre e autônomo da razão, os sujeitos históricos, na modernidade, podem ter o equipamento e os instrumentos para o exercício independente, não heterônomo, da ética, da política e da revolução, que se mantém em vigor na atualidade. Em outras palavras, na interpretação de Foucault, Kant pensa nas condições de possibilidade de modificações de ordem subjetiva que têm ressonância na vida coletiva, no mundo social e nas práticas políticas.[34] Do ponto de vista mais geral, a questão que o filósofo de Koënisburg traz é a da modificação possível do uso que se pode fazer entre a própria razão e o uso que os demais podem fazer dela. Posto nesses termos, "o que o *Aufklärung* deverá fazer, o que está em vias de fazer, ora, é justamente redistribuir as relações entre governo de si e governo dos outros" (FOUCAULT, 2008, p. 32). Como lembra Diogo Sardinha (2011, p. 230), a leitura de Foucault implica um sistema de pensamento que é feito *de liberdade*: "está *orientado para* a liberdade [...] e o sistema do último Foucault somente existe como suporte à emancipação".

O pano de fundo das análises apoiadas em Kant, na contramão do "momento cartesiano", essa é nossa hipótese, já estaria no *As palavras e as coisas*. Através da leitura do livro de 1966, não apenas podemos compreender a fratura havida no limiar dos séculos XVII e XIX, mas também podemos ter uma percepção mais clara das maneiras pelas quais os sujeitos são constituídos historicamente e como isso repercute neles, afetando no modo no qual eles se enxergam e se definem a si próprios. Para tal, uma breve incursão na descontinuidade histórica que ocorreu entre a Idade Clássica e a Idade Moderna é necessária: toda a primeira parte do *As palavras e as coisas* descreve a era da representação, período em que um sujeito do conhecimento detém em si mesmo o mundo que o circunda, segundo uma linguagem e uma lógica que estão nele, e que também organiza o pensamento segundo princípios taxionômicos naturalmente dispostos em seu entendimento. Na Idade Clássica, a representação é a roupagem do pensamento; é, *stricto sensu*, o lugar onde tudo pode ser conhecido e organizado, uma vez que é efeito de um sujeito pensante, é produto de um sujeito cuja natureza é incondicionada. Trata-se de um período no qual o conhecimento se apoia num *cogito* soberano, que açambarca em si toda a ordem do mundo, numa estrutura de pensamento que pretende ser sem fissura nem alteridade. Esse nexo entre *cogito* e representação tem consequências importantes:

---

[34] Não são poucos os que fazem da passagem do texto kantiano sobre a relação entre razão pública e razão privada, no *Was ist Alflkärung?*, argumento em defesa da subordinação do indivíduo diante do poder de Estado, como se este pudesse ser entendido como suporte da razão pública, o que seria um impedimento da expressão da liberdade. Pensamos o contrário disso, que Foucault enxerga no texto kantiano abertura para que se legitimem as lutas de resistência e em prol da autonomia.

No pensamento clássico, aquele que faz existir a representação, e que se representa a si próprio nela, reconhecendo-se como imagem ou reflexo, aquele que trama todos os fios entrecruzados da "representação em quadro" – nunca se encontra presente enquanto tal. Antes do fim do XVIII, o *homem* não existia [...] Ele é uma criatura recente que a demiurgia do saber fabricou com suas próprias mãos, há menos de duzentos anos (FOUCAULT, 1966, p. 319).

Kant, por sua vez, faz uma articulação entre filosofia e representação que indica seu pertencimento à Idade Moderna: "ele [Kant] a interroga [representação] na direção daquilo que a torna possível em sua generalidade. Em vez de fundar o nexo entre as representações por uma espécie de cruzamento interno [...] ele o faz em torno das condições que definem sua forma universamente válida" (FOUCAULT, 1966, p. 254). Kant e a filosofia crítica realizam um distanciamento face ao poder soberano do *cogito*, uma vez que sua pergunta inicial é sobre "as condições pelas quais pode existir toda representação do mundo, de maneira geral" (p. 255). Doravante, seja através da emergência dos novos saberes do século XIX,[35] seja pelo modo de ser das filosofias a partir de Kant, no lugar do *cogito* entra em cena uma figura nova, menos imponente e mais enigmática: "a finitude do homem se anuncia – e de uma maneira imperiosa – na positividade do saber; sabe-se que o homem é finito a mesmo título que se conhece a anatomia do cérebro, o mecanismo dos custos de produção, ou o sistema da conjugação indo-europeia" (p. 324). Antes da Idade Moderna, alerta Foucault, inexistia tal concepção finita do homem: "o 'humanismo' do Renascimento, o 'racionalismo' dos clássicos puderam dar um lugar privilegiado aos humanos na ordem do mundo, mas não puderam pensar o homem" (p. 329).

A finitude torna-se a modalidade mesma do autorreconhecimento do homem moderno (ou contemporâneo), uma vez que, por um lado, ele se apercebe cercado, envolvido por forças e estruturas que o antecedem, que estão fora dele e que podem durar algum tempo depois dele: "em todas as épocas, a maneira pela qual as pessoas refletem, escrevem, pensam, avaliam (até mesmo na rua, nas conversas e nos textos mais banais), inclusive no modo pelo qual as pessoas experimentam as coisas, pelo qual sua sensibilidade reage, toda a sua conduta está comandada por uma estrutura teórica, por um *sistema*, que muda com as idades e

---

[35] Os saberes que sintetizam, parcialmente, a nova disposição epistêmica da Idade Moderna são a economia política, a biologia, a linguística, que emergem no século XIX em substituição à análise das riquezas, à história natural, à gramática geral, respectivamente, que seriam saberes que exprimiriam a Idade Clássica.

sociedades – mas que está presente em todos os períodos e em todas as sociedades" (FOUCAULT, 1994, v. I, p. 515). Por outro lado, o homem é finito, pois na modernidade se compreende a partir de saberes que falam dele e o conformam, assim como condicionam seu desvelamento: "no fundamento de todas as positividades empíricas, e do que pode indicar limitações concretas à existência do homem, descobre-se uma finitude – que num certo sentido é a mesma; ela é marcada pela espacialidade do corpo, pelo vazio do desejo, pelo tempo da linguagem" (FOUCAULT, 1994, p. 326). Por fim, a finitude é um dado empírico e existencial incontornável, marcado por um fato que nos iguala: "a morte, que rodeia anonimamente a existência cotidiana do ser vivo, é a mesma coisa, fundamental, pela qual se dá para mim mesmo minha vida empírica" (FOUCAULT, 1966, p. 326). O mesmo vale para o desejo e para a linguagem. Por último, o saber da Idade Moderna segue, voluntariamente ou não, o preceito da filosofia crítica: "se o saber do homem é finito [...] é porque o conhecimento tem formas finitas" (FOUCAULT, 1966, p. 327).

Quando, no *As palavras e as coisas*, Foucault procura fazer uma descrição do homem forjada pela modernidade, ele é entendido como um objeto de um relativo desconhecimento, como um ser opaco, finito, empírico-transcendental: "agora, o lugar da análise não é mais a representação, mas o homem em sua finitude, e trata-se de lançar luz sobre as condições de conhecimento decorrentes dos conteúdos empíricos que estão apresentados em sua análise" (FOUCAULT, 1966, p. 329). O que traz, antes ainda, consequências importantes: "Não é possível conceber uma crítica da finitude que seria liberadora, seja em relação ao homem, seja em relação ao infinito, e que mostraria que a finitude não é o termo, mas a curva e o nó do tempo no qual o fim é o começo? A trajetória da questão: *Was ist der Mensch?* no campo da filosofia termina na resposta que a recusa e a desarma: *der Übermensch*" (FOUCAULT, 2009, p. 78-79). Não seria tal promessa o ponto de partida para se sair de um sujeito determinado e objetivado pelos saberes característicos da modernidade que pode converter-se no ator do retorno ao cuidado de si? O sujeito do cuidado de si, em sua versão moderna, não operaria um retorno a uma nova modalidade de estética da existência, com possibilidades ímpares na ética e na política, para fora das estruturas de dominação? Tal esperança pode ter sido uma constante no pensamento de Foucault, ainda que com diferenças de intensidade entre a fase arqueológica da década de 1960 e o último Foucault dos anos 1980? Quem sabe não é essa esperança de transformação e de passagem, de uma posição de ser determinado por sua condição de sujeito finito para um sujeito do cuidado de si, que constrói e realiza sua autoeducação ao longo de sua vida, pondo em ação uma tecnologia de si presente na enigmática passagem do final do *As palavras e as coisas*?: "O homem é uma invenção da qual a arqueologia de nosso pensamento mostra com facilidade sua data recente, e, talvez, o fim próximo" (FOUCAULT, 1966, p. 398).

Não seria o sujeito da parrésia, aquele que se educa por toda sua vida e que se supera, o que estaria anunciado desde o final do *As palavras e as coisas*?

Agonística e palavra

A relação entre palavra e cidadania recebe as mais diversas abordagens teóricas, e ela está diretamente envolvida com a questão da democracia e do exercício do poder, é um dos temas maiores e incontornáveis da filosofia política. Foucault define o exercício do poder como um modo de ação sobre as ações dos outros, como uma espécie de "governo", em sentido amplo, dos homens uns sobre os outros, em que está um elemento importante: a liberdade. O poder e a liberdade não se excluem. O poder se exerce apenas sobre pessoas livres, praticando sua liberdade, esta sim condição de exercício do poder. Sem liberdade, que pode acontecer durante qualquer tempo, curto ou longo, de opressão e/ou de subordinação pela violência, não há possibilidade de relação ou prática de poder. Todo poder, por ser relacional, requer confronto entre os envolvidos, uma rivalidade que somente pode vigorar na disputa de perspectivas e de pontos de vista.

Para Foucault, pensar a política é observar os afrontamentos nas relações de poder, com ênfase nas resistências e estratégias para ampliar o campo da liberdade. Um processo de libertação, portanto, não se limita ao campo das lutas das minorias e de classes, mas põe também em cena o estatuto da liberdade individual, uma vez que a liberdade pessoal deságua no universo da comunidade e do mundo social. Em outros termos, trata-se de reconhecer, partindo da constatação fundamental dos procedimentos postos em ação pelos Estados modernos para conhecer e dirigir a vida das pessoas, a começar por suas vidas subjetivas – o que Foucault denomina "governo por individuação" –, os modos pelos quais certos indivíduos realizam, com êxito, um deslocamento ou uma subtração em face dos saberes-poderes e das múltiplas técnicas de poder utilizadas pelas instituições e pelo Estado. A identidade pessoal pode ser – e é, em boa parte e para a maioria das pessoas – o resultado de uma ação institucional e estatal bem-sucedida (do ponto de vista dos dispositivos de poder, é claro).

Nesse caso, o que temos é uma subjetividade assujeitada, normalizada, controlada pelas técnicas do poder. Contrapondo-se a esses processos individualizadores, por meio dos quais são internalizados certos padrões socialmente desejáveis de vida subjetiva, Foucault toma para si a palavra de ordem da recusa das formas de subjetivação que nos foram impostas durante os últimos séculos, uma recusa que se desdobra na elaboração posterior de efetivos espaços de liberdade. Cabe a nós mesmos deliberar, criar, experimentar novas formas de subjetivação.

Foucault estava atento ao fato de que o governo de homens livres uns em face dos outros comporta, em seus próprios fundamentos, a ameaça decorrente do caráter acontecimental das relações de poder:

> [...] não creio que o único ponto de resistência possível ao poder político – compreendido, de maneira exata, como situação de dominação – esteja na relação de si para si. Digo que a governamentalidade implica a relação de si para consigo mesmo, o que significa dizer, exatamente, que, nessa visão de governamentalidade, estou falando do conjunto das práticas pelas quais é possível constituir, definir, organizar, instrumentalizar, as estratégias que os indivíduos, em sua liberdade, podem ter uns perante os outros. São indivíduos livres os que procuram controlar, determinar, delimitar a liberdade dos outros e, ao fazer isso, dispõem de certos instrumentos para governar os outros. Isso repousa tanto na liberdade quanto na relação consigo mesmo, assim como na relação com os outros (FOUCAULT, 1994, v. IV, p. 728-729).

A liberdade, desse modo, pode trazer consigo as raízes de seu contrário. É por esse motivo que Foucault afirma que as lutas da modernidade são lutas que têm diante de si a contramodernidade.

A liberdade, em seu exercício crítico e autônomo, não é plena e sem restrições: implica a obediência às máximas ditadas por sua tarefa crítica, advindas da reflexão sobre as ações possíveis criadas pelo presente histórico e político com o qual o indivíduo livre é obrigado a lidar e lutar. A hipótese que sustentamos é a de que, para que existam relações de poder nas quais os indivíduos sejam livres, tem que existir condições pessoais, sociais e políticas possíveis sobretudo na modernidade, que Foucault, em seus últimos cursos, mostrou que tinham raízes na Grécia Clássica.

A filosofia, que desde seu começo decorre de uma preocupação política,[36] não nasceu sob o signo da pacificação nem se desenvolveu

---

[36] Os livros de Jean-Pierre Vernant sustentam essa hipótese, em especial a última parte de seu livro *Mito e pensamento entre os gregos*, quando aborda a passagem do mito à razão, de maneira

num mundo social em harmonia absoluta. Oriunda de uma precária e frágil experiência democrática na Grécia Antiga, a tarefa maior da filosofia, desde sua origem, foi a de buscar constituir argumentos consistentes do ponto de vista da lógica do discurso e que, além disso, fossem socialmente aceitos, ao menos para uma parcela significativa do mundo social. Desde então, o pensamento luta para fazer valer as intelecções que realiza. Não é uma tarefa fácil empreender um campo de luta na teoria. Pede-se tomada de posição, capacidade persuasiva, espírito combativo e ligeiro.

Deleuze alerta que é característica da filosofia, desde a Grécia Clássica, possuir essa dimensão agonística: "se a filosofia tem uma origem grega, como é certo dizê-lo, é porque a cidade, ao contrário dos impérios ou dos estados, inventa o *agôn* como regra de uma sociedade de 'amigos', a comunidade dos homens livres como rivais (cidadãos). É a situação constantemente descrita por Platão: se cada cidadão aspira a alguma coisa, ele encontra, necessariamente, rivais..." (DELEUZE; GUATTARI, 1992, p. 17). Nesse aspecto, Deleuze partilha da mesma visão sobre o papel da agonística que Foucault enxerga na vida social e política.[37] Eu acrescentaria ainda que, se pensamento e luta fazem par, decorre disso que inexiste filosofia sem beligerância, sem rivalidade, sem disputa. Com a ressalva de que o inimigo maior da filosofia, assim, não é a luta argumentativa, nem o combate teórico, tampouco o adversário da filosofia é a *dóxa*.[38] Nosso maior adversário não é da ordem do pensamento, no qual existe e deve existir certo grau de tolerância e rivalidade entre distintos modos de perceber as coisas.

O grande inimigo da filosofia, na verdade, é a violência cega, é a pura e simples truculência, são armas apontadas para as pessoas sem qualquer diálogo ou respeito, é todo constrangimento físico sem tirar nem pôr, é a pura arbitrariedade. A agonística entre ideias e formas de vida diferentes não é a verdadeira inimiga da filosofia e da democracia, mas o lugar natural e ponto de partida de seu exercício. Pensar e travar combates com outras ideias, pessoas e grupos sociais são uma necessidade.

---

que concorda, em muito por sinal, com as hipóteses sustentadas por Detienne, expostas em *Os mestres da verdade na Grécia arcaica*.

[37] Por esse motivo, chega a ser engraçado ler intérpretes que veem em Deleuze um partidário do multiculturalismo. Para o filósofo, filosofia e luta são parceiros indissociáveis. O consenso e o contrato são a face jurídica e formal de uma realidade social entendida apenas parcial e limitadamente.

[38] Nesse aspecto, certamente Châtelet (1972, p. 89 e seguintes) discordaria de minha hipótese, pois ele, no *Lógos e práxis*, sustenta que o homem da *dóxa* afirma suas certezas, não quer discutir, e tende, portanto, ao conflito.

O que não pode acontecer é a paralisia das relações agonísticas, pois isso representaria a falta de mobilidade social e humana e privação de vivacidade democrática.

Nesse novo modo de pensar e de fazer política, não há como acreditar, como antes, em projetos unitários e gerais. O conceito de povo e o da palavra do povo passam a ser plurais, o que implica, para muitos, vários riscos. Mas não vimos que a palavra e a política sempre trouxeram e ainda trazem o perigo e o risco? O risco, temos que ter esse fato sempre diante de nós, é signo da liberdade.

PARTE II
BIOPOLÍTICA

Governamentalidade e excessos do poder

O desafio da renovação da análise política da modernidade dá à filosofia sua razão de ser. Foucault parte dessa problematização:

> Creio que desde o século XVIII o grande problema da filosofia e do pensamento crítico sempre foi, ainda é, e creio que continuará a ser o de responder à questão: o que é essa razão que nós utilizamos? Quais são seus efeitos históricos? Quais são seus limites e quais são seus perigos? [...] Se os intelectuais, de modo geral, têm uma função, se o pensamento crítico tem uma função, e se, mais precisamente ainda, a filosofia tem uma função no interior do pensamento crítico, é exatamente o de aceitar essa espécie de espiral, essa espécie de porta giratória da racionalidade que nos remete à sua necessidade, ao que ela contém de indispensável e, ao mesmo tempo, aos perigos que ela comporta (FOUCAULT, 1994, v. IV, p. 279).

A racionalidade política contemporânea levou a muitos abusos do poder e a muitos excessos e desmedidas, e não estamos falando apenas de acontecimentos do passado. Que a razão possa caminhar de mãos dadas com a irracionalidade política é um fato paradoxal, uma vez que a ciência e a tecnologia trouxeram também benefícios e contribuições positivas para a vida de muitas pessoas. Por esse motivo, o filósofo procurou forjar um instrumental teórico que lhe permitisse analisar as diversas técnicas de poder que foram sucessivamente praticadas no mundo ocidental, nos últimos séculos. As técnicas de poder que Foucault procurou analisar fazem parte do que o filósofo denominou de "governamentalidade",[39] conceito que tem variadas acepções, entre as quais a que está a seguir:

---

[39] A governamentalidade, porque é um conjunto de técnicas de gestão que resultam num contexto de poder, não pode ser confundida com a soberania, que se preocupa, sobretudo, com a conquista e manutenção do poder.

> Por "governamentalidade", eu entendo que é a tendência e a linha de força que, em todo o Ocidente, nunca deixou de conduzir, e de há muito, para a proeminência deste tipo de poder que podemos chamar de "governamento"[40] sobre os demais: soberania, disciplina e que levou, por um lado, ao desenvolvimento de toda uma série de aparelhos específicos de governamento [e, por outro lado] ao desenvolvimento de toda uma série de saberes (FOUCAULT, 2004, p. 111-112).

Foucault tem a percepção de que a explicação do poder através do papel do Estado e das instituições não pode dar conta de todos os campos reais e efetivos nos quais o poder acontece. O poder tem tal alcance e está tão disseminado nos múltiplos lugares da vida social que, em certos casos, pode levar a abusos e a patologias do poder que estão conectadas ou sintonizadas com segmentos importantes do mundo social e político, tão extensos, capilarizados e disseminados no mundo social que não se restringem nem poderiam estar limitados ao campo circunscrito da esfera estatal. A prática efetiva do poder, desde o começo do século XX, não se limita ao âmbito do Estado; antes disso, está articulado a uma série de parceiros e instituições que compartilham, numa gigantesca rede, todo um domínio de poder e de intervenção social que vai das grandes instituições até os pequenos acontecimentos e relações interpessoais.

No século XX, quando o assunto em pauta são as ocorrências de violência política, ou mesmo policial, um fato irrefutável surge diante de nossos olhos: os assassinatos, os campos de extermínio, as perseguições, a violência disseminada, a brutalidade, tudo está bem claro. A brutalidade tem localização diversificada, pode às vezes ser pontual ou atingir diversos países ao mesmo tempo. Nada mais em desacordo com os ideais da modernidade e com as crenças no poder da razão. Os direitos dos povos e das coletividades, por sua vez, não têm sido assegurados, ao longo do tempo e nos diversos continentes, o que deixa brechas abertas para que surjam o descaso, o desrespeito, a violência cega, no passado e na atualidade.

Todavia, não estamos falando, quando o que está em questão são os excessos de poder, de um fenômeno ideológico especial nem mesmo de um fato histórico particular e localizado, como o nazismo e stalinismo e a Segunda Guerra Mundial; temos diante de nós, isso sim, uma tecnologia de poder nascida em meados do século XVIII, e que tem por alvo a regulação da população, que Foucault (1997, p. 214) denomina de

---

[40] Sobre as expressões utilizadas por Foucault, "governamentalidade" e "governamento", remeto à tradução de Alfredo Veiga-Neto.

"biopolítica da espécie humana". Esse novo poder funcionaria diferentemente do poder de soberania, que "fazia morrer e deixava viver", ao passo que "agora surge um poder que eu chamaria de regularização, e que consiste, pelo contrario, em fazer viver e deixar morrer" (FOUCAULT, 1997, p. 220). Tal modalidade de uso do poder, para exemplificar, teve uma versão de extrema violência, nos tempos do Terror de Estado, na Argentina e Chile. Foi um tempo de eliminação de pessoas sob uma justificativa política de salvaguardar as nações latino-americanas(como outras) das ameaças do comunismo. Tal perseguição política não deixava de ter componentes biológicos, pois o militante político caçado e eliminável é percebido como portador de características genéticas e traços biológicos perigosos para o restante da sociedade.

No *Em defesa da sociedade*, Foucault (1997, p. 226-227) demonstra sua indignação com o fato de que o Estado moderno tenha passado a eliminar sua própria população, o que contraria seus objetivos e sua razão de ser:

> Como um poder como este [o biopoder] pode matar, se ele na verdade cuida essencialmente de majorar a vida, de prolongar sua duração, de aumentar suas chances, e afastá-la dos acidentes, de compensar suas deficiências? Como, nessas condições, é possível, para um poder político, matar, pedir a morte, causar a morte, fazer morrer, dar a ordem de matar, expor à morte não somente seus inimigos, mas também seus cidadãos? Como esse poder que tem por objetivo fazer viver pode deixar morrer?

Para Foucault, a história da razão, nos últimos três séculos, consiste no crescente avanço de diversas tecnologias de poder, são diversas e sucessivas técnicas de controle da subjetividade e das populações, o que faz da racionalidade política uma estranha e questionável conquista no campo histórico-social. Todos nós vivemos em tempos de espantosos excessos de poder político, acompanhados de genocídios e eliminações de extrema violência, justamente no século XX, em plena modernidade. Se o fascismo e o stalinismo são considerados patologias do poder, pois através delas crimes terríveis foram cometidos, Foucault (1994, v. IV, p. 224) alerta, com muita pertinência, que "o fascismo e o stalinismo utilizaram e alargaram mecanismos já existentes na maioria das outras sociedades. Mas não somente isto; malgrado sua loucura interna, eles utilizaram, em grande medida, as ideias e os procedimentos de nossa racionalidade política". A racionalidade política, acompanhada dos conhecimentos técnicos e científicos, tem realizado as mais diversas modalidades de crimes e assassinatos em massa, em distintas escalas, em práticas que vão da guerra ao descaso com os não cobertos pela seguridade social, de maneira que tal articulação se passe nos mais diversos campos de intervenção social, tais como os campos jurídicos, médicos, militares, pouco importa, desde que funcione algum modo de controle, de exclusão, de eliminação.

O papel da filosofia, segundo Foucault, foi e continua a ser o de procurar impedir a razão de ultrapassar seus limites, ainda que seu poder de intervenção seja irrisório. A burocracia e os campos de concentração e de extermínio, com todo o seu aparato técnico-científico, com todas as competências funcionais a seu serviço, são prova cabal desse excesso da racionalidade em nossa época. A questão filosófica, portanto, não é de ordem moral, vinda da refutação do uso da racionalidade em nome de valores humanos, nem é a de procurar ter êxito na contestação do poder da razão, em nome de um campo extrarracional. A crítica filosófica deve possibilitar que tenhamos consciência, a partir da análise histórica da vida social, observando seus campos particulares e "menores" "nós nos tornamos prisioneiros de nossa própria história" (FOUCAULT, 1994, v. IV, p. 225).

Vale a pena ressaltar que duas ideias seminais apresentadas no *Segurança, território, população*, a saber, a governamentalidade e o golpe de Estado, não são antagônicas, apesar das aparências. A linha de argumentação de Foucault é muito evidente: a partir dos fins do século XVII, inicia-se uma nova era do poder, que vem substituir a era da soberania. A nova era traz a governamentalidade como tecnologia do poder, e sua ocupação principal é a gestão e administração da população, a regulação das atividades econômicas, assim como a articulação e o planejamento estratégico da vida socioeconômica. Já na soberania, o eixo mais importante é a vontade e as artimanhas do soberano nas artes de dominar os cidadãos. Na governamentalidade, o mundo democrático, feito a partir da decisão popular e amparado nas leis, segundo Foucault, seria um mundo da gestão dos interesses da população, considerada como categoria abstrata. Tudo seria liso e sereno, se não entrasse em jogo a ideia de golpe de Estado, ou seja, a ideia de que a governamentalidade traz em si mesma um aspecto absolutamente inusitado, quando se pensa em certas condições excepcionais, mas não tão fora de esquadro como muitos podem imaginar, pelas quais as regras do jogo político passam a ser ameaçadas e são anuladas. É nesse ponto limítrofe que se inicia o golpe de Estado, entendido como iniciativa e ação feitos pelo próprio Estado.[41]

[41] Nesse caso, temos de deixar claro que a noção de golpe de Estado, em Foucault, é sinônimo de estado de sítio ou estado de exceção, situação que se desencadeia por dispositivos constitucionais e que é realizado pelo próprio Estado, em caso de ameaça (real ou fictícia) externa ou interna. A noção tradicional de golpe de Estado, por sua vez, seria o objeto da análise do filósofo. Através dele torna-se perfeitamente cabível que façamos a associação entre golpe de Estado e terrorismo de Estado.

Segundo o filósofo francês, que se apoia no teórico do século XVII Naudé, o golpe de Estado é "para começar, uma suspensão, uma paralização das leis e da legalidade. O golpe de Estado é o que excede o direito comum" (FOUCAULT, 2004a, p. 267). Como se pode observar, o Estado, em seu exercício racional e gestor das instituições, deveria ter um caráter absolutamente administrativo; entretanto pode passar a ter um rosto completamente diferente, segundo suas conveniências: "quando a necessidade exige, a razão de Estado converte-se em golpe de Estado, e, nesse momento, é violenta. Violenta, ou seja, ela é obrigada a sacrificar, a amputar, a fazer o mal, e ela é constrangida a ser injusta e assassina" (FOUCAULT, 2004a, p. 269). Tal violência, ademais, é e deve ser teatral, não somente para impactar, mas também para mostrar que sua intervenção é durável ou irreversível. Finalmente, o Estado leva muito longe o desejo de reparação no golpe de estado, justificando, em muitos casos, o teatro político. Com efeito, "o golpe de Estado é violento. Ora, como o golpe de Estado nada mais é do que a manifestação da razão de Estado, nós chegamos à ideia de que não existe antinomia, no que concerne ao Estado, pelo menos, entre razão e violência.[42] É possível se afirmar, inclusive, que a violência de Estado nada mais é do que a manifestação abrupta, de certo modo, de sua própria razão" (FOUCAULT, 2004a, p. 270). Ao fim e ao cabo, a noção de golpe de Estado é inerente ao Estado, e por esse motivo justifica-se a expressão "terrorismo de Estado", que é a manifestação da violência do Estado face à sua população e ao sistema legal.

As relações de poder e as técnicas de controle postos em prática nos tempos de biopolítica se fazem tanto sobre as populações como sobre os indivíduos, e as lutas políticas se fazem seja em escala macropolítica, seja em escala micropolítica, tendo como ponto limítrofe a violência inominável dos golpes de Estado. Em consequência, a oposição entre governamentalidade (gestão) e golpe de Estado (violência) parece ser meramente retórica e traz a grande lição de que a política, na modernidade, acarreta e aceita "violências como sendo a forma mais pura da razão e da razão de Estado" (FOUCAULT, 2004a, p. 272-273). Na raiz e no cerne da racionalidade política está a violência, a tendência ao genocídio e ao extermínio, fato irrefutável do presente histórico. O Estado e o crime de Estado, o terrorismo de Estado, são manifestações da própria razão de ser do Estado. Eles coabitam na paradoxal interface entre legalidade e violência. Todavia, há que se manter a fé nas lutas de resistência e pelos direitos das populações, pois os crimes perpetrados pelos Estados não podem ser duráveis nem constantes. O Estado de exceção, o Estado

---

[42] O que assegura nossa interpretação de que o golpe de Estado é iniciativa e realização do Estado.

de sítio é uma possibilidade política e jurídica ocasional, que ocorre às vezes num determinado país, em certas condições, num período de tempo. Nunca houve, na história, um Estado de exceção que tenha durado séculos, devido às constantes lutas agonísticas das populações e da sociedade organizada.[43]

Podemos indicar agora alguns excessos de poder seguindo uma sugestiva indicação de Foucault apresentada no curto texto "O sujeito e o poder", de 1982,[44] a de que o poder de Estado é ao mesmo tempo totalizador e globalizante. "Nunca existiu, creio eu, na história das sociedades humanas – inclusive na velha sociedade chinesa – no interior das estruturas políticas, uma combinação tão complexa de técnicas de individuação e de procedimentos totalitários" (FOUCAULT, 1994, v. IV, p. 229).

Certamente, o ápice do terrorismo de Estado não está na eliminação dos indesejáveis,[45] de parcelas da população que foram ou podem passar a ser indesejáveis e elimináveis. O maior poder de eliminação, do qual quase ninguém fala, e Foucault (1997, p. 226) insiste nesse ponto, está no paradoxal caráter suicida do Estado: "o que faz com que o poder atômico seja, para o funcionamento do poder político atual, uma espécie de paradoxo difícil de contornar, ou mesmo absolutamente incontornável, é o fato de que, no poder de fabricar e de utilizar a bomba atômica, pôs-se em cena um poder que é o de eliminar vida como tal. E de se autossuprimir, consequentemente, como poder de manter a vida". Por outro lado, se pensarmos no estoque de bombas de hidrogênio, e do potencial de destruição absoluta de toda e qualquer forma de vida no planeta, temos que reconhecer que o limiar do Estado, seu ponto máximo, é seu poder de destruição total, de caráter totalmente suicida. Foucault cita, para completar, apenas para tocar no cerne da questão da biopolítica, que o caráter suicida do Estado chega a seu ápice paradoxal na fabricação de "vírus incontroláveis e universalmente destruidores" (p. 226).

---

[43] Nesse sentido, a hipótese de Giogio Agambem sobre a constância do Estado de exceção na modernidade é muito questionável e não se sustenta, pois desmerece o poder das fortes lutas de resistência e por direitos políticos realizados por grupos humanos, em muitas partes do planeta.

[44] Texto 306 do *Dits et écrits*, v. IV.

[45] Em entrevista ao jornalista Ceverino Reato, o general Jorge Videla revela que, em decretos privados, os chefes militares na ditadura argentina, entre 1976 e 1981, foram liberados para utilizar a sigla D.F., para fazer com que alguém fosse eliminado. Tal sigla, na gíria militar argentina, "disposicíon final", dizia respeito aos uniformes ou botas que não servem mais. Nesse período a sigla foi aplicada àqueles que foram assassinados por motivos políticos. O próprio Videla afirmou ter escrito a sigla várias vezes em vários documentos, e calculou que foram eliminadas 9 mil pessoas apenas com tal procedimento.

O reverso da moeda, no detalhe, está no trabalho meticuloso do Estado na eliminação de personagens políticos emblemáticos. Temos o caso de Che Guevara, que incomodou, em tempos de Guerra Fria, o império americano. Na Bolívia, onde foi preso e assassinado, Che foi vítima da organização paramilitar montada por um ativista de ultradireita, Klaus Altmann, que na verdade era o capitão da SS Klaus Barbie (conhecido como o "Carniceiro de Lyon", por torturar e matar crianças, mulheres e adultos dando risadas), radicado confortavelmente no interior do país latino-americano, sob o beneplácito apoio financeiro da CIA e dos Estados Unidos. O que é digno de nota é que, independentemente da ideologia, é que toda a urdidura da inteligência pode ser levada adiante a serviço do trabalho de eliminação de determinadas pessoas, não importa os meios e quem sejam as pessoas a serviço desse crime e assassinato.[46]

Foucault aponta, ademais, para um dos poderes mais importantes da atualidade: a seguridade social.[47] As tomadas de decisão no campo da seguridade social podem deixar as pessoas a condições de extrema fragilidade e impotência, e levá-las a viverem um estado de constante temor. Fazer com que certas pessoas ou grupos sociais passem a não ter mais direito a certos benefícios, ou, o que é mais terrível, a não ter mais direito a um determinado atendimento médico quando eventualmente necessitar, eis uma situação à qual todos nós estamos passíveis. Tal processo intimidador conduz as pessoas a um estado de submissão perante chantagens e humilhações, em nome de uma possível segurança que por sinal nunca se mostra categórica, quando se trata de dar segurança aos trabalhadores, dependentes que são do sistema de seguridade social. O modo de vida das pessoas passa a ser cerceado e vigiado, padrões de normalização são crescentemente postos em ação, pessoas cada vez mais dependentes e assujeitadas são postas e dispostas pelas sutis tecnologias de poder existentes na era do controle e da governamentalidade. Todos passam a ser responsabilizados pelos efeitos médicos e legais da vida que levaram ou ainda levam – se contrários ao padrão desejável – e podem ser excluídos, caso não se adequem às regras do jogo burocrático e político. E essas regras de seguridade, lembremos, são fluidas, móveis, e nunca deixamos de estar fora de uma possível e eventual situação de risco, na qual podemos ser expostos a dificuldades e ao desamparo. Por outro lado, temos a tendência à intimidação dos doentes que não seguem

---

[46] Como ocorreu, recentemente, na eliminação de Osama bin Laden, execução que foi assistida ao vivo pela cúpula da Casa Branca e por Barack Obama.

[47] Quanto ao tema, recomendo o texto 325 do *Dits et écrits*, sob o título "Un système fini face à une demande infinie".

à risca suas dietas e comportamentos durante um tratamento médico, que podem passar a não ter mais atendimento, caso não se comportem como foi determinado.

Sobre a exclusão devemos lembrar que é da ordem de uma eliminação real, pois exclusão consiste num modo terrível de elisão, de desaparição. A percepção de Foucault (1997, p. 228-229) é sutil: "por levar à morte eu não penso somente na morte de forma direta, mas também no que pode ser assassinato indireto: O fato de expor pessoas à morte, de multiplicar para elas o risco de morte, ou, pura e simplesmente, a morte política, a expulsão, a exclusão, etc.". A multidão dos ameaçados pela fome nos países periféricos, os que abandonam suas casas e países às vezes sem poder levar nada, os grandes contingentes populacionais que vão em busca de uma vida melhor (ainda que seja uma vida humilhada) são milhões; estão em outros países e continentes, desenraizados, quase sempre tidos como indesejáveis e considerados párias nesses países onde conseguem entrar. A rota de acesso para a entrada nos países "centrais" é perigosa, os caminhos são difíceis, e milhares de pessoas morrem à mingua em barcos,[48] em meios de transportes inapropriados ou simplesmente assassinados por contrabandistas de carga humana. Por outro lado, em terras estrangeiras, muitas vezes sem qualquer amparo legal, essas pessoas vivem excluídas do convívio social e dos direitos fornecidos pelo Estado. Convertem-se em trabalhadores pouco custosos e sem nenhum custo social e trabalhista. Os excluídos, os exilados são a carne barata do capitalismo, descartáveis e desprezados. A grande massa da exclusão é constituída pelos estrangeiros, pelos estranhos, pelos apátridas.

Para concluir: se o Estado tem em sua raiz a violência, a resistência ao poder deve visar à eliminação do próprio Estado, dos excessos de poder e do terrorismo de Estado. A resistência ao poder, todavia, não é só política. Tem por objetivo a vida, sua preservação, não apenas a defesa de modos de vida; as resistências contra os excessos de poder dos Estados mais importantes são as que sustentam uma luta política maior, sem desmerecer as muitas lutas de resistência, cujo objetivo é a luta pela vida e pela manutenção de suas diversas formas no planeta.

---

[48] Ver, a esse respeito, o texto 355 do *Dits et écrits*, "Face aux gouvernements, les droits de l'homme".

O controle da família: a ilusão da vida privada

Entre 1974 e 1976, tanto no *História da sexualidade I. A vontade de saber* como na transcrição do curso de 1975 do Collège de France, publicado postumamente no livro que tem como título *Os anormais*, o pensador francês estuda as metamorfoses em torno da família, da sexualidade infantil, da medicalização da sociedade, assim como analisa, de maneira especial, a genealogia das práticas e dos comportamentos das pessoas em seu ambiente familiar, assim como da atenção a elas associada. Poderia ser dito que Foucault chegou a fazer um esboço de uma genealogia da família, ainda que com contornos muito genéricos, nesses dois livros.

O ponto de partida das análises do texto e do curso posteriormente tornado livro é o de que passou a existir, simultaneamente às técnicas de disciplinarização iniciadas no século XVII, que tinham por meta o adestramento do corpo e sua crescente otimização, um correlato processo de intervenção no corpo biológico, de caráter inicialmente moral, inscrito depois no campo do que vem a ser denominado como desejo. O filósofo intitula essa preocupação moralizante com o corpo dotado de sexualidade, num primeiro momento, de "fisiologia moral da carne" (FOUCAULT, 1999, p. 176). Antecipando tal preocupação com o corpo dotado de sensações, a ordem disciplinar ateve-se ao funcionamento e à regulação do corpo nas oficinas, fábricas, casernas, colégios; por outro lado, a preocupação com o aspecto moral do corpo aparece de forma insistente nos seminários e nas escolas, e depois nas famílias, centrada nas inquietações e nos temores com as condutas dos jovens. O corpo passa a ser visto de dois modos: pode ser tanto objeto de propósitos otimizadores nas performances e nas rotinas de vida ou trabalho, como também alvo de intervenções no campo da sexualidade ou dos prazeres decorrentes de sua ampla gama de potenciais e de práticas.

O poder pastoral, segundo Foucault, praticado pela igreja católica, a partir do século XVI, concedeu lugar relevante à sexualidade, em especial com a concupiscência, com os pecados da carne, com a possessão e com os descaminhos da vida virtuosa; todavia, o poder pastoral, que cuidava das tentações da carne, passa a ser progressivamente substituído por saberes, técnicas de poder e instrumentos de normalização. Surge um modo totalmente novo de tratar a questão, que era mais a carne e os pecados da carne: "doravante, o problema essencial não será mais a distinção que já preocupava os escolásticos: o ato real e o pensamento. O que passa a ser problema é: desejo e prazer" (FOUCAULT, 1999, p. 175). Por sua vez, esse corpo dotado de desejo passa a ser descrito como fato orgânico, dotado de uma sexualidade pontual e real, que ocorre sobretudo na cama, à noite, com os jovens e, muitas vezes, com as crianças, em suas roupas de dormir. O corpo das crianças passa a ser compreendido como um corpo cujas condutas devem ser objeto de cuidado e de atenção de saberes interessados, direta ou indiretamente, nos detalhes das vidas e das práticas desse mundo infanto-juvenil. Era esse o campo de intervenção das técnicas de poder-saber no final da Idade Clássica, no que se refere ao campo da sexualidade infantil e juvenil. Com o passar do tempo, o interesse e a intervenção na vida sexual das crianças e jovens passam a ter um campo ampliado de atores e interventores: "O conjunto constituído, no século XIX, pelos pais, pelo educador e pelo médico, em torno da criança e sua sexualidade, foi atravessado por incessantes modificações e deslocamentos sucessivos, cujo resultado mais espetacular foi uma estranha modificação: [...] finalmente é com a relação do psiquiatra com a criança que inclusive a sexualidade dos adultos foi posta em questão" (FOUCAULT, 1976, p. 131).

No decorrer dos séculos XVII e XVIII, se fez todo um alarido em torno de certas práticas sexuais infantis, alarde divulgado não somente em livros e apostilas, mas também em panfletos e prospectos dirigidos à população em geral, fazendo do assunto "sexualidade infantil" objeto de alerta. Nessa época, em especial, a masturbação passou a ser tida como um problema da maior gravidade. Houve, nesse caso da masturbação, uma campanha geral, mais significativa como preocupação de alcance moral do que como objeto de interesse científico, ao menos no primeiro momento. Na qualidade de campanha antimasturbatória, dela decorrem instrumentos, técnicas, remédios, médicos, todos anunciando às famílias o tratamento do *vício* que é o onanismo, entre os adolescentes, em especial crianças e jovens da burguesia e da pequena burguesia ainda em formação histórico-social e já marcada, naquela época, pela emergente relação entre medicalização, judicialização e pedagogização.

Qual o motivo dessa preocupação com a masturbação, à época? Não é, nem foi, alerta Foucault, uma tentativa religiosa que buscou culpabilizar os jovens; antes disso, o que ocorreu foi uma somatização da prática autoerótica. Uma primeira apresentação dessa somatização vem de uma imagem exagerada sobre o estado físico do indivíduo que pratica a masturbação: segundo Serrurier, cujo *Dicionário das Ciências Médicas* foi referência incontornável no início do século XIX, o jovem masturbador "tinha a pele terrosa, a língua vacilante, os olhos cavos, as gengivas todas retraídas e cobertas de ulcerações que anunciavam uma degeneração escorbútica. [...] Para ele, a morte era o termo feliz de seus longos padecimentos" (FOUCAULT, 1999, p. 223). Claro que essa fabulação científica é resultado de uma série de convicções disseminadas entre os médicos a propósito dos males do onanismo, ainda que infundadas. O efeito de tal visão a respeito da masturbação, segundo aspecto dessa produção somática, não deixa de ser bastante singular: a masturbação é origem de diversos males, todos terríveis, que são a tísica (tuberculose) e a loucura. Finalmente, outro importante aspecto da somatização da masturbação são os terríveis efeitos comportamentais que ocorrem na vida presente e posterior nos próprios jovens, jovens onanistas e/ou hipocondríacos a partir de uma história de condutas cujos efeitos se revelariam bem depois, no fim da vida, quando o esgotamento físico e a própria velhice (adoecida e mórbida) passam a ser imputados como fruto de uma juventude desviante, repleta da prática da masturbação. Entre autoerotismo, patologia e morte, num certo discurso médico e psiquiátrico, amparado por inúmeros estudos de educadores, passou a existir uma inegável vinculação.

Com o passar do tempo, a sexualidade e o discurso sobre a vida sexual de todos e de cada um passam a ser percebidos a partir de um discurso e uma prática médicos, complementando as preocupações de ordem pedagógica do século XVII. A partir do início do século XIX, a sexualidade infantil ocupa, progressivamente, o lugar de potência causal e de etiologia universal de todas as doenças. As teorias psiquiátricas da época, para Foucault, ao associarem as ideias de instinto e de inclinação fazem da infantilização o marco inaugural de toda vida médica e psíquica dos indivíduos. Sem dúvida, cabe alertar, tais teorias médicas nada mais são do que uma fabulação científica, resultado de um imaginário institucional e interessado que passou a ter poder de intervenção sobre a vida das pessoas, demonstrando fortes vínculos entre saber e poder que geram um novo foco e uma nova forma de ordem médica. Por outro lado, inicia-se e dissemina-se a teoria de que a causa das doenças está nas próprias pessoas e em seus responsáveis, pois se elas chegaram a adoecer foi porque as crianças e seus pais não cuidaram de seus corpos e de suas condições de saúde, cujos efeitos vão se fazer notar, no futuro, ao longo de suas vidas. Portanto, são as pessoas e seus próximos que produzem, muitos anos antes, o que vai acontecer mais à frente, gerando, por antecipação, suas patologias e, em inumeráveis casos, suas degenerescências e causas de suas mortes.

Todo esse processo de inquietação com a masturbação infantil, entretanto, foi feito de maneira a não culpabilizar a criança. Para o pensamento do século XVIII e do começo do século XIX, não é possível nem é pensável que existisse uma causa endógena do autoerotismo no corpo da criança, e ela não pode ser percebida como culpada por suas práticas autoeróticas. Se há culpados, não é tanto a criança, mas aqueles que estão nas proximidades das crianças; se há culpa, é da sedução dos adultos. Logo, a culpa pela masturbação, pelo vício da masturbação e pela sexualização infanto-juvenil precoce vem do exterior. É por esse motivo que as crianças devem ser vigiadas, não por culpa de suas naturezas; antes de mais nada, os que devem ser vigiados estão próximos delas em suas próprias casas: criados, governantas, preceptores, tios e tias, primos, etc., e tal cuidado passa a ser indicado como tarefa e cuidado dos pais. São os pais, em último caso, que, na desatenção ou no desinteresse, permitem que tais relacionamentos indesejáveis entre crianças e adultos possam acontecer, levando as crianças a realizarem práticas não recomendáveis. Mas tal cuidado com as crianças, alerta Foucault (1976, p. 130), não se limita ao mundo íntimo e familiar: "o corpo de criança vigiada, cercada em seu berço, ou cama, ou quarto por toda uma ronda de pais, amas, domésticos, pedagogos, médicos, atentos às menores manifestações de seu sexo, constituiu, sobretudo a partir do século XVIII, um outro 'foco local' de saber-poder".

A responsabilidade dos pais, que devem cuidar de evitar aproximações indevidas de adultos (intermediários) com suas crianças, não somente deve deixá-los em alerta constante com a vida diária de seus familiares e empregados, como os leva também a pensar numa reordenação da estrutura física das casas.[49] Para evitar contatos indevidos e com excessos, o ideal passa a ser deixar a criança sozinha em seu quarto, com seus brinquedos e com suas inocentes divagações. Simultaneamente, o

---

[49] Surge toda uma arquitetura para as famílias pequeno-burguesas e depois para as famílias operárias, com tamanhos e número de quartos considerados adequados ao tamanho dessas famílias, complementados pelo mobiliário e adornos adequados às diferentes peças e aos usuários dos quartos. Arquitetos, decoradores e designers de interiores também passam a ter lugar nas escolhas das casas e na vida diária das pessoas.

corpo da criança torna-se uma questão maior: deve ser observado com atenção, torna-se objeto de curiosa investigação cotidiana, em especial em suas práticas noturnas. Os lençóis, as camas, as manchas, tudo passa a ser objeto do zelo dos pais, agentes de uma cruzada cotidiana e incansável pela sanidade e saúde de seus filhos. Os pais são convocados para terem um cuidado e um temor constante com a vida íntima de seus familiares e demais habitantes da casa. O aumento da responsabilização dos pais certamente contribuiu para "o controle malthusiano da natalidade, para as incitações populacionistas, para a medicalização do sexo, para a psiquiatrização de suas formas não genitais" (FOUCAULT, 1976, p. 132).

Na verdade, lembra Foucault, já estamos falando, a partir de então, de uma estrutura familiar bem diferente da aristocrática, muito numerosa e cheia de parentes próximos e distantes, assim como de assimilados, recebidos, adotados, todos regidos por regras bem diferenciadas de transmissão de poderes, posses e bens. As grandes casas e extensas propriedades dos nobres levam a uma noção muito larga e elástica da noção de família, nas quais os criados e inúmeros parentes são também os detentores de um conjunto de práticas familiares muito mais liberadas, com certo grau de tolerância e permissividade (não sem sentido, cabe ressaltar). A nova família – na qual o casal é convocado para zelar tão escrupulosamente de seus rebentos, em substituição à família aristocrática – é nuclear, pouco extensa (se comparada com a mescla de filhos, primos, adotados, etc., da família aristocrática); na verdade é uma nova família muito fechada, saturada de relações pais-filhos. É claro que não foi a preocupação com a sexualidade infantil que levou à nova forma de família nuclear, mas essa preocupação foi, sem dúvida um dos elementos constituintes da consolidação do novo tipo de formação familiar, bem conhecido de todos nós. Essa família relacional, centrada nos relacionamentos entre pais, filhos e irmãos, em suma, num primeiro momento, estruturou-se em torno do corpo das crianças e vicejou a partir do cuidado com seus ritmos, suas arritmias e com sua integridade.

O cuidado parental com as crianças, íntimo e realizado num ambiente interno, todavia, não acaba aí. Ele deve ser complementado e supervisionado por um controle externo, mais especializado e preparado, mais profissionalmente equipado de conhecimentos e procedimentos realizados por médicos. Quando o cuidado com a masturbação sai do registro da moralidade para entrar no registro da doença, o controle parental torna-se refém de um saber-poder mais atualizado que vai ajudar em suas decisões, intervenções, critérios de avaliação. A relação pais-filhos prolonga e completa a relação médico-paciente: "a nova família, a família substancial, a família afetiva e sexual é, ao mesmo tempo, uma família medicalizada" (Foucault, 1999, p. 235). A nova família nuclear, celular, passa a ser atravessada e subordinada a relações de saber-poder externas, realizadas cabalmente pelos médicos, pelos juízes, pelos pedagogos, pelos padres, pelos pastores, o que faz da nova família, além de ser uma instituição afetiva e sexual, uma família atravessada por diversos saberes e poderes.

A racionalidade médica, quando investe sobre a família nuclear em vias de se estruturar, pede, por exemplo, que ela tenha funcionamentos bem determinados. Um deles, no caso específico da masturbação: os pais devem investigar, chegar sorrateiramente perto das camas para observar as práticas noturnas de seus filhos. Mas, a partir do momento em que ocorre alguma descoberta, o médico é chamado para intervir numa prática terapêutica, para a qual o paciente, necessariamente, tem que participar confessando seus atos e aceitando seu tratamento. A fala sobre a sexualidade e sobre as práticas das crianças, todavia, não deve ser enunciada para os pais; a eles, cabe o zelo e o controle. Por sua vez, tudo deve ser dito aos médicos, supostos detentores de um saber neutro e pretensos portadores da nova atribuição de poderem transformar e corrigir comportamentos. A prática deve ser informada também aos pedagogos, para que tomem providências e fixem metas de condutas. Em casos extremos e inesperados, os eventos devem ser comunicados a juízes, que podem acionar a intervenção de outros profissionais, de policiais a assistentes sociais, passando por agentes do judiciário e instituições corretivas.

Outro exemplo: entre o "doente" e o médico, a família também ocupa um lugar de intervenção. Após a descoberta de qualquer ocorrência, após uma observação atenta do profissional da medicina, a família é de novo diretamente envolvida no tratamento. Dada a receita, cabia à família cuidar para que o tratamento tivesse êxito: continuando no caso do onanismo, ela providenciava camisolas que impediam o toque direto, sinos que tocavam quando a mão se aproximava dos órgãos genitais, corpetes de metal utilizados sobre o baixo ventre, cauterização da uretra, ablação do clitóris, entre tantos procedimentos e instrumentos, a aplicação de toda essa parafernália sobre as crianças fez da família e dos pais agentes privilegiados da medicalização em seu espaço íntimo. Os pais, na verdade, são a encarnação de diversos poderes e saberes externos que se instalam no interior de suas casas.

Todo um intercâmbio, enfim, passa a ocorrer: a medicina tem papel de controle ético, sexual, afetando a vida moral das famílias burguesas, e simultaneamente, o corpo interno da família é regulado por ela, através do corpo das crianças, cujos distúrbios são percebidos como distúrbios das famílias como um todo, se não como decorrentes dos comportamentos e das práticas dos pais. A família burguesa e a medicina se apoiam, a partir desse tempo, na tarefa de produzir normalização. Nas primeiras décadas do século XIX, a família hegemônica no capitalismo, desempenhando delegação da ordem médica, busca controlar a sexualidade e corrigir as distorções possíveis da sexualidade com a ajuda médica. Mas não somente a ordem médica intervém:

> [...] o quadro de referência do indivíduo a corrigir é bem mais limitado: é a família no exercício de seu poder interno ou na gestão de suas economias; ou, acima disso, é a família em sua relação com as instituições que a amparam ou a apoiam. O indivíduo a ser corrigido surge nesse jogo, nesse conflito e nesse sistema de apoio que existe na família, e também com a escola, com a fábrica, a rua, a vizinhança, a paróquia, a igreja, a polícia, etc. (FOUCAULT, 1999, p. 53).

A esse apoio mútuo entre medicina, família, diversas instituições, além do mais, se sobrepõem os interesses do novo Estado que se organiza, que não somente pede aos pais para que cuidem dos filhos – para que não deixem que os pequenos morram –, mas também insiste que os eduquem, ainda que com altos custos. Esse papel educacional decorre da nova economia política que vem com força total, desde os fins do século XVIII, com o Estado burguês: a educação, no essencial, é delegação feita aos pais, e deve se realizar, idealmente, com um mínimo de intermediários, que antes eram tão presentes ao tempo da aristocracia, nas grandes e amplas residências dos aristocratas, que contavam com enorme criadagem e funcionários. Na economia do poder do Estado burguês, a racionalidade política se inicia na célula-mãe, na família nuclear constituída por pais e filhos, e o cuidado com a educação é tarefa principal dos pais, também responsáveis pelo desempenho de seus filhos na escola. A vida, o desenvolvimento físico e psicológico e a educação das crianças, sob os cuidados dos pais, por outro lado obedece a uma série de regras fundadas num outro padrão de racionalidade, ditado por médicos e educadores, que pede uma abnegada dedicação dos pais às suas crianças e que depois pede aos mesmos pais para que abram mão, mais tarde, dos filhos de que tanto cuidaram, para que estes cumpram suas obrigações sociais e de cidadãos assim que se tornam jovens adultos.[50]

Enfim, em três séculos, um conjunto de modificações ocorreu no que diz respeito às inquietações com a sexualidade. O momento prévio,

---

[50] O paradoxal é que esse cuidado se consuma, muitas vezes, na convocação para o exército e para guerras, nas quais grande número de jovens morre, de forma violenta e brutal.

O controle da família: a ilusão da vida privada   85

no século XVI, estava centrado na carne, no pecado, na concupiscência, e era da ordem do confessionário. A partir daí, o que houve foi o deslocamento da carne para o corpo, para o corpo potencialmente doente. Depois disso, ocorre o processo de infantilização, a redução do eixo da sexualidade à infância e adolescência, tornado eixo e momento decisivo da formação da vida sexual da pessoa e de sua futura saúde. Finalmente, em meados do século XIX, na medicalização, surge a gestão da vida sexual doravante conhecida, controlada e supervisionada a partir do saber e da racionalidade médicas. Por outro lado, todo um cuidado com o corpo e com o corpo dos descendentes ajudará na criação de um importante alicerce do imaginário burguês e dará identidade a essa classe social:

> [...] a valorização do corpo pode ser associada ao processo de crescimento e estabelecimento da hegemonia burguesa: não é, entretanto, devido ao valor mercantil dado à força de trabalho, mas em razão do que podia representar política, econômica, e também historicamente, para o presente e para o futuro da burguesia, a "cultura" de seu próprio corpo. Sua dominação, em parte, dependia dele [do corpo]; não era apenas um assunto econômico e ideológico, era também um assunto "físico"[51] [...] atestam, dessa maneira, a correlação desse corpo com um "racismo" [...] um racismo dinâmico, racismo expansionista, ainda que em estágio embrionário, e que tivesse que esperar até a segunda metade do século XIX para dar os frutos que nós conhecemos (FOUCAULT, 1976, p. 165-166).[52]

A progressiva construção de um corpo[53] e de um sexo numa sociedade de classes e com evidentes componentes racistas, lembra Foucault, tem efeitos importantes nos fins do século XIX, quando certas tematizações começam a ser feitas no que diz respeito ao incesto, uma vez que estamos falando de uma família nuclear, centrada nos relacionamentos entre pais e filhos de caráter burguês.[54] O tema do incesto comparece com toda força

---

[51] Tal processo de valorização de um corpo burguês o distinguiria dos aristocratas, que portariam em si, no "sangue", o sinal de sua distinção, e também o distinguiria do proletariado, cujas condições de vida impediam que pudesse cuidar de seu corpo e de seu sexo (FOUCAULT, 1976, p. 167).

[52] O racismo burguês, portanto, antecipa e dá os contornos iniciais do racismo de Estado.

[53] Não devemos esquecer que a preocupação com a segurança, a saúde, a estética e a beleza movimentam recursos financeiros gigantescos e talvez constituam o cerne da economia capitalista.

[54] "Devemos voltar a temas há tempo desacreditados; devemos dizer que há uma sexualidade burguesa, que existem sexualidades de classe. Sobretudo dizer que a sexualidade é originária e historicamente burguesa, e que ela induz, em seus sucessivos deslocamentos e transposições, a efeitos de classe específicos" (FOUCAULT, 1976, p. 168).

nessa época, uma vez que surge a embaraçosa questão do aparecimento do desejo exatamente nessa relação pais-filhos. Como entender tal problema? A resposta elaborada à época foi a de que o desejo era dos filhos: os filhos desejam os pais incestuosamente. Curiosamente, para o pensamento dos fins do século XIX, os pais não têm culpa quando se aproximam à noite para averiguar o que seus filhos andam fazendo na cama, como o fizeram há um século, a partir do século XVIII. Na verdade, se há desejo incestuoso, é por iniciativa das crianças, no caso da burguesia. Tal modo de justificar o relacionamento parental, e Foucault fala disso com todas as letras, tem como benefício moral tornar aceitável a teoria psicanalítica do incesto. O progressivo crescimento do número de horas das crianças na escola auxiliou nesse processo de tranquilização dos pais quanto ao comportamento de seus filhos,[55] assim como a ampliação dos procedimentos disciplinares na vida das famílias, fazendo com que os pais ficassem menos severos e atentos quanto ao tema da masturbação. Finalmente, ao se colocar a questão do incesto no cerne da vida familiar, reforçou-se, uma vez mais, a necessidade de se recorrer a um conhecimento externo à família. Tal conhecimento externo, ao mesmo tempo em que é eficaz em auxiliar no conhecimento e na solução desse estranho e superável fenômeno entre as crianças e seus pais, fez da psicanálise uma nova modalidade, talvez mesmo uma nova moda, de prática da medicalização da família burguesa e racista.

Tudo isso, vale a pena discriminar, tem sentido apenas no caso das famílias burguesas. Pois, no caso das famílias proletárias, a história é diferente. Tratou-se, no início do século XIX, de sedentarizar essa parcela da população, de fazer uma campanha a favor do casamento que ajudou a diminuir a mobilidade da população, de gerar Caixas Econômicas para criar casas populares. Essas casas tiveram um padrão bem conhecido: a casinha de três cômodos, onde os pais e os filhos estão separados, ou mesmo os pais e filhos de sexo diferentes estão separados, pois a mistura dos diferentes sexos é entendida como perigosa. Não são poucos os que poderiam pensar que, num determinado momento, entre burguesia e proletariado, existe um padrão de inquietação comum, no que diz respeito à sexualidade infantil e à relação entre pais e filhos. Todavia, é Foucault quem alerta para a distinção, o processo na burguesia é o da aproximação-coagulação (a sexualidade da criança é perigosa e pede coagulação da família); por outro lado, o processo no proletariado é o da estabilização-separação (a sexualidade do adulto é perigosa e pede o

---

[55] O padrão de referência de Foucault, para esse horário escolar, é a Europa.

O controle da família: a ilusão da vida privada   **87**

desmembramento da família). Caso ocorra essa perigosa possibilidade do incesto vinda de cima, saída dos mais velhos ou dos pais, além de pedir a intervenção da medicina, traz à cena um outro saber e um outro dispositivo de poder: o judiciário é chamado para fazer arbitragens e tomar decisões em casos como esses. Realizando o afastamento da criança da família, apartando-a dos pais, quando estes são percebidos como perigosos e devassos, o judiciário passa a intervir na vida íntima das pessoas das camadas populares, policiando e separando os membros das famílias, quando necessário.[56]

Para a burguesia e pequena burguesia, terapia, análise, aconselhamento; para o proletariado, polícia, orfanatos, instituições corretivas. Não se trata, para Foucault, de duas sexualidades diferentes, mas de dois distintos modos de sexualização das famílias, de duas teorias do incesto totalmente diferentes: "poderíamos talvez dizer que há duas teorias diferentes do incesto, que são totalmente diferentes" (FOUCAULT, 1999, p. 258). Uma delas é etnopsicanalítica, e outra sociológica, que não podem jamais ser integradas numa teoria geral do incesto, pelo fato de ser o incesto percebido a partir de uma percepção diversa segundo a classe social em foco. Os pais burgueses causam amor, são amados em excesso pelos filhos, enquanto os pais populares ou proletários causam temor, por possuírem uma sexualidade difícil de controlar. Em todo caso, são modos de ampliação crescente do poder da medicina, da psiquiatria, da ordem jurídica e de todos os conhecimentos e práticas voltados para a otimização do corpo da nova classe hegemônica.[57] A partir de meados do século XIX, consolida-se a posição da infância como ponto focal do psiquismo e das condutas dos indivíduos, que é ponto de ampliação do poder da psiquiatria que, aproveitando-se da ambivalência possível entre as teorias do incesto, passa a esquadrinhar as patologias possíveis e a discernir as distâncias entre o normal e o patológico.[58]

Hoje, no século XXI, as famílias são crescentemente estudadas em sua vida cotidiana; suas rotinas e seus ritmos são objeto de intervenções dos mais variados saberes; técnicas e profissionais, numa rede complexa e multicausal, cujas consequências estão diante de nós. O racismo de

---

[56] A descrição de Foucault sobre a sexualidade das classes populares, extraordinária, está na p. 257 do *Les anormaux*. Edição francesa.

[57] Uma vez mais, lembremos que todo um batalhão de profissionais tem pleno emprego por cuidarem dos corpos da pequena burguesia e burguesia, de educadores físicos a nutricionistas, de esteticistas a profissionais do sexo.

[58] Cabe lembrar que Foucault tem uma visão oscilante no que se refere à psicanálise, apesar de sua crítica contundente exposta no *Les anormaux*.

88 Coleção Estudos Foucaultianos

origem social e que contamina o pensamento e a prática de médicos, a discriminação de explicação biológica, o biopoder como instância de controle social, enfim, a inserção das ciências psicológicas nas estruturas de controle social massivos, tudo está articulado ao imenso campo de forças a serviço da defesa social e da sociedade de classes. Seus efeitos políticos são visíveis a todos nós, em tempos de mídia, globalização, velocidade e invasões. Nossa sociedade é a do controle, e é nela que existe, inocentemente, a ilusão da vida privada.

Michel Foucault,
a antipsiquiatria, a psiquiatria

No final de seu itinerário filosófico, no curso *O governo de si e dos outros* (1982-1983), a primeira aula, em suas duas partes,[59] Foucault (2008, p. 5) surpreende, ao trazer a temática da modernidade e da loucura no triplo contexto das "formas de um saber possível, de matrizes normativas de comportamento, de modos de existências virtuais para sujeitos possíveis". Foucault, nessa aula, não subordina suas perspectivas a um pretenso campo mais geral diante do qual sua análise das tecnologias políticas poderia ter alcance limitado e particular. Vejamos a posição de Foucault (1994, v. IV, p. 84) sobre essa questão, em dois tempos:

> [(a)] É verdade que os problemas que eu levanto sempre dizem respeito a questões localizadas e particulares, como a loucura, as instituições psiquiátricas ou, ainda, as prisões. Se nós queremos levantar questões de modo rigoroso, não devemos procurá-las exatamente em suas formas mais singulares e mais concretas? [...] [(b)] É indispensável localizar os problemas por razões teóricas e políticas. Mas isso não significa que eles não sejam problemas gerais. Afinal, o que existe de mais geral senão a maneira pela qual uma sociedade se posiciona diante da loucura? O modo pelo qual ela se define como razoável? Como ela confere poder à razão e à sua própria razão?

A crítica de Foucault possibilita que vejamos como, a partir da análise histórica de diversos campos menores e aparentemente menos importantes da vida social, são exercidas modalidades de poder de tamanho macrossocial em consonância e adequadas aos poderes micropolíticos. O melhor meio de fazer tal estudo é partir de experiências sociais particulares e que são,

---

[59] Foucault propôs a seus ouvintes que a aula fosse dividida em duas partes, com um breve intervalo, o que demonstra não somente sua preocupação com seu público, mas também pode indicar – quem sabe? – a fragilidade de sua saúde já naquele período.

por esse motivo, absolutamente significativas e reveladoras de como são as práticas de dominação em curso em nossas sociedades, em situações do presente histórico próximas do mundo efetivo das relações de poder: "sem dúvida, é mais sensato não considerar a racionalização da sociedade ou da cultura, mas acima de tudo analisar o processo em diversos domínios, em que cada qual remete a uma experiência fundamental: a loucura, a doença, a morte, o crime, a sexualidade, etc." (FOUCAULT, 1994, v. IV, p. 225). Desse modo, trata-se de mostrar como um determinado aspecto da vida social tem o poder de desvelar as modalidades de funcionamento político mais globais da sociedade, o que põe no centro da cena o presente histórico, as relações possíveis entre a teoria e a prática, as lutas de resistência às práticas hegemônicas. A grande questão política não é grandiosa e imponente, pois a vida política acontece nas diversas técnicas de poder e na dinâmica sempre viva das relações de poder, com suas estratégias em constante transformação. São nos pequenos acontecimentos, nos focos menores e mais problemáticos das tecnologias de poder, que estão abertas as chaves para a análise dos excessos de poder na modernidade. Os campos que permitem a elucidação das dependências políticas específicas, e que exigem uma militância específica, são definidos por Foucault de maneira absolutamente transparente e coerente com todo o seu ideal de pensamento e ação, e se situam no vasto e sempre divisível universo da micropolítica.

A análise da vida e da subjetividade assumem enorme importância nas análises do poder. Seu estatuto é fundamental, e muitas práticas de dominação descritas por Foucault procuram fazer o controle das subjetividades. Em artigo publicado originalmente no país, no *Jornal do Brasil*, em fins de 1974, com o título "Loucura, uma questão de poder", Foucault (1994, v. II, p. 662-663) fala da produção da subjetividade pelo poder:

> [...] o que me parece característico da forma de controle atual é o fato de que ele se exerce sobre cada indivíduo: é um controle que nos fabrica, nos impondo uma individualidade, uma identidade. Cada um de nós tem uma biografia, um passado sempre documentado em algum lugar, desde um relatório escolar a uma carteira de identidade ou um passaporte. Existe sempre um organismo administrativo capaz de dizer a qualquer momento quem cada um de nós é, e o Estado pode percorrer, quando quer, todo o nosso passado.

Ainda no mesmo texto, Foucault (1994, v. II, p. 663) levanta uma hipótese tão categórica quanto radical:

> [...] creio que, hoje, a individualidade está totalmente controlada pelo poder e que nós somos, no fundo, individualizados pelo

próprio poder. Dizendo de outra maneira, eu não penso, de forma alguma, que a individualização se oponha ao poder, mas, pelo contrário, eu diria que nossa individualidade, que a identidade obrigatória de cada um de nós é efeito e instrumento do poder.

Observe-se que Foucault, nessa entrevista, antecipa sua tese sobre o caráter produtivo do poder, ou seja, a de que o poder cria subjetividades dobradas sobre si, obrigadas ou incitadas a entrar num jogo de verdade externo a eles, alienante, através do qual os sujeitos são levados a se reconhecerem como sendo eles mesmos, cujo resultado é a identidade obrigatória de cada um. O que nada mais é, em outras palavras, do que o processo pelo qual acaba por se constituir uma subjetividade assujeitada.

Sob esse aspecto, o cuidado com a individualidade é entendido como resultado de uma estratégia política, a partir dos fins do século XVIII, que revelou o interesse do Estado e de diversas instituições e saberes a ele ligados em controlar a vida e a identidade das pessoas e das populações. Nessa entrevista de 1974, a hipótese que Foucault sustenta é a de que o campo do poder estaria deixando de ter por foco o econômico e passaria a ter por meta o controle biopolítico da população: "hoje, o mundo está em vias de evoluir para um modelo hospitalar, e o governo passa a ter uma função terapêutica. A função dos dirigentes é a de adaptar os indivíduos ao processo de desenvolvimento [econômico], segundo uma verdadeira ortopedia social" (FOUCAULT, 1994, v. II, p. 433).[60] Além disso, no pequeno artigo que tem por título "O mundo é um grande hospício", ele afirma: "o mundo é um grande hospício onde os governantes são os psicólogos, e o povo, os pacientes. A cada dia que passa, o papel desempenhado pelos criminologistas, pelos psiquiatras e todos os que estudam o comportamento mental do homem torna-se cada vez maior. Eis a razão pela qual o poder político está em vias de adquirir uma nova função, que é terapêutica" (FOUCAULT, 1994, v. II, p. 434).[61] Temos aqui, em germe, algumas indicações sobre a problemática

---

[60] A título de curiosidade, essa passagem foi publicada num veículo de comunicação bem distante do modo de pensar foucaultiano, a revista *Manchete*.

[61] Muitos ficam com a impressão, equivocada, de que as técnicas de controle seriam privilégios de saberes e práticas como as dos profissionais de saúde e do sistema judiciário. Parte da engrenagem de controle e saberes como as ciências médicas e jurídicas são importantes, mas não são únicos e determinantes. São muitos os saberes e práticas que contribuem para o conhecimento e controle dos indivíduos e das populações. Até mesmo as ciências humanas, tidas por muitos como saberes contestadores das estruturas de poder, estão listadas, segundo Foucault, no grupo dos que contribuem para o crescente controle da vida das pessoas.

trazida pelo conceito de biopolítica, que tanto inquietará o filósofo francês anos mais tarde.

Quando se refere ao conceito de "governamentalidade" e à sua razão de ser como instrumento de análise política, alguns anos depois, Foucault nos dá uma verdadeira imagem do contexto de seu trabalho: "por que abordar o forte e o denso com o fraco, o difuso e o lacunar?" (FOUCAULT, 2004a, p. 120). Esta é a sua opção metodológica: ir para fora da instituição (como é o caso do hospital psiquiátrico), deslocar-se aos poucos da questão interna da instituição, para encontrar, a partir dela, fora dela, uma modalidade de tecnologia de poder, segundo uma perspectiva mais geral e universal. Trata-se, assim, de um universal alicerçado e decorrente do particular: um estranho e paradoxal universal-particular. A questão, para Foucault, é tirar, por exemplo, a loucura e as instituições psiquiátricas da periferia das questões sociais e políticas, para reposicioná-las no centro do questionamento político, e assim revelar muitas faces insuspeitadas (e por vezes terríveis) do mundo em que vivemos. Para ele, o enclausuramento e a internação, a partir de *História da loucura*, são fenômenos de amplo alcance social e político, que devem estar no cerne das análises sobre as técnicas de poder e de controle social iniciados no final do século XVIII.

Foucault reconhece que suas análises sobre a loucura acabaram por levá-lo a partilhar de uma comunidade de pensadores que não se conheceram nem trabalharam diretamente, mas que ajudaram a esclarecer e a dar um novo sentido à análise do sentido político e social da loucura no mundo atual, por meio de uma sintonia intelectual e política:

> Não estou seguro, por exemplo, de que no momento em que eu escrevi *História da loucura* existisse um "nós" preexistente e acolhedor, de forma que teria sido suficiente que eu me dirigisse a eles para que recebessem meu livro como uma expressão espontânea. Entre Laing, Cooper, Basaglia e eu não havia comunidade nem relação. Mas o problema foi levantado pelos que nos leram, se impôs também para alguns entre nós, o de saber se era possível constituir um "nós" a partir do trabalho que fizemos, e de tal natureza que se pudesse formar uma comunidade de ação (FOUCAULT, 1994, v. IV, p. 594).

Esse tema do "nós", de uma comunidade de pensamento e de ação, para Foucault (2008, p. 14), está no cerne da questão filosófica iluminada pelo *Aufklärung* kantiano:

> [...] a prática filosófica, ou acima de tudo o filósofo, sustentando seu discurso filosófico, não pode deixar de levantar a questão de

seu pertencimento ao presente. O que significa dizer que não será mais simplesmente, ou não será de modo algum a questão de seu pertencimento a uma doutrina ou a uma tradição que lhe é oferecida; não será, também, a questão de seu pertencimento à comunidade humana em geral, mas será a questão de seu pertencimento ao presente, ou, se vocês quiserem, a um "nós" que se refere, segundo uma extensão mais ou menos larga, a um conjunto cultural característico de sua própria atualidade. É esse "nós" que deve se tornar, para o filósofo, ou está em vias de se tornar para o filósofo, o objeto de sua própria reflexão. E, por essa mesma razão, afirma-se a impossibilidade de se fazer a economia da interrogação, pelo filósofo, de seu pertencimento singular a esse "nós" [...] esse "nós" do qual ele faz parte e por relação ao qual ele deve se situar, é isso, ao meu entender, que caracteriza a filosofia como discurso da modernidade, como discurso sobre a modernidade.

As lutas contra as variadas formas de fascismo e assujeitamento só podem acontecer num efetivo campo de afrontamento entre forças distintas, no interior das relações de poder, nas quais a agonística comparece a todo instante, inclusive no mundo pessoal e subjetivo. Foucault (1994, v. III, p. 135) aponta para novas formas de vida e novos campos de experimentação políticos, entre elas "essa arte de viver contrária a todas as formas de fascismo". A arte de viver implica um modo de vida incansavelmente criativo, em que nos fazemos e nos desfazemos sempre que algo nos impulsione, a partir de um cuidado de si pelo qual uma vida autônoma advém do rompimento com os grupos de poder e com as instituições hegemônicas de uma estrutura social determinada.

A posição libertária de Foucault (1994, v. III, p. 135-136), portanto, consiste numa posição política que é em parte pessoal e, de certa maneira, coletiva: "o indivíduo é produto do poder. O que é necessário é 'desindividualizar', pela multiplicação, deslocamento e pelos diversos agenciamentos. O grupo não deve ser o laço orgânico que une os indivíduos hierarquizados, mas um constante gerador de 'desindividualização'". As lutas de resistência se dão no plano individual e no plano coletivo, e consistem na agonística que busca a subtração das coletividades e das individualidades aos procedimentos e às técnicas da sociedade de controle. Algumas maneiras de resistência são apontadas como contracondutas:

> [...] a partir da metade do século XVIII, toda uma série de contracondutas que tiveram por objetivo, essencialmente, recusar a razão de Estado, as exigências fundamentais desta razão de Estado

> [...] os elementos que são: a sociedade em oposição ao Estado, a verdade econômica por oposição ao erro, à incompreensão, à cegueira, o interesse de todos por oposição ao interesse particular, o valor absoluto da população como realidade natural e viva, a segurança por oposição à insegurança e ao perigo, a liberdade por oposição à regulamentação (FOUCAULT, 2004a, p. 363).

Foucault abriu as portas para diversas formas de interpretação e análises a respeito das suas hipóteses sobre as diferentes percepções e atitudes daqueles tidos, em diferentes momentos da história ocidental, como loucos. As reações a *História da loucura* foram e são as mais diversas, da negação pura e simples de suas hipóteses até o uso político do livro, que também é considerado um texto no qual se fundamentam, no plano teórico-histórico, inúmeras teses e ideias tanto da antipsiquiatria quanto do movimento antimanicomial. Esse interesse de Foucault, que perdurou por toda sua vida, o levou a estudar e citar pensadores ou ativistas como Goffmann, Laing, Cooper, Basaglia, Marcuse, em seus inúmeros trabalhos sobre o desenvolvimento das tecnologias do poder no mundo ocidental nos últimos dois séculos, devido aos avanços que todos eles trouxeram para a análise e crítica das instituições que levam ao afastamento e à discriminação de determinados grupos pelo restante da sociedade.

Em uma entrevista que o filósofo concedeu em 1978,[62] o filósofo faz uma avaliação de seu *História da loucura na Idade Clássica*, e o quanto ele auxiliou na modificação efetiva do pensamento, tanto dele mesmo quanto das pessoas em geral, com efeitos na vida prática de todos:

> [...] este livro nunca deixou de funcionar no espírito de público como um ataque dirigido à psiquiatria contemporânea. Por quê? Porque o livro constitui – para mim e para os que o leram ou o utilizaram – uma transformação da relação (histórica, técnica, moral e também ética) que temos com a loucura, com os loucos, com a instituição psiquiátrica e com a própria verdade do discurso psiquiátrico (FOUCAULT, 1994, v. IV, p. 45).

Por outro lado, Foucault reconhece que o alcance da obra e as ideias que ele apresenta no texto não são, *stricto sensu*, uma crítica à psiquiatria e à internação psiquiátrica; suas análises, sobretudo, dizem respeito às diferentes percepções sobre o estatuto da loucura que foram construídas dos séculos XVI a XIX, quando finalmente passou a ser objeto e domínio do saber psiquiátrico. Foucault (1994, v. IV, p. 45) lembra que num primeiro momento o livro foi recebido com certa simpatia pelos psiquiatras, para

---

[62] "Entretien avec Michel Foucault", texto 281 do *Dits et écrits*, v. IV.

depois a situação mudar completamente: "a seguir, muito rapidamente, o grau de hostilidade dos psiquiatras chegou a um tal ponto que o livro foi julgado como um ataque dirigido contra a psiquiatria na atualidade e como um manifesto da antipsiquiatria".

Foucault alerta para o equívoco de muitos tomarem o *História da loucura* como um texto de antipsiquiatria, e dá duas razões para isso. A primeira é que o livro, originalmente sua tese de doutoramento, foi escrito em 1958, quando a antipsiquiatria, ao menos formalmente, ainda não existia.[63] A segunda consiste numa constatação real: "de todo modo, não se tratava [no livro] de um ataque dirigido contra a psiquiatria, pelo excelente motivo de que o livro para nos fatos que se situam exatamente no início do século XIX" (FOUCAULT, 1994, v. IV, p. 45). Na verdade, *História da loucura* acaba com a rápida apresentação do nascimento do asilo, nascida da articulação da ordem jurídico–política com a ordem médica, período no qual se inicia toda uma atenção com a linguagem da loucura. Desse modo, Foucault tem consciência da distância entre seu trabalho e o trabalho daqueles que são conhecidos, *stricto sensu*, por sua militância como antipsiquiatras; mas essa percepção não significa que ele rejeite a importância do movimento da antipsiquiatria; antes disso, o filósofo deixa claro sua admiração pelo movimento e por seus teóricos mais conhecidos. Na entrevista, Foucault (1994, v. IV, p. 58) vai elogiar aqueles teóricos que realizaram uma verdadeira virada nas relações de poder existentes nos hospitais psiquiátricos: "Laing desenvolveu um trabalho colossal, ligado à sua função de médico: ele foi, juntamente com Cooper, o verdadeiro fundador da antipsiquiatria. Eu fiz apenas uma análise histórico–crítica".

Através do trabalho dos articuladores da antipsiquiatria, sua teoria e sua ação convertem-se em ferramentas de transformação do pensamento e da prática das instituições asilares, ajudando na transformação da vida cotidiana de todos os trabalhadores e internos das instituições psiquiátricas, através da contestação de teorias e práticas conservadoras e desenvolvidas sem nenhum questionamento crítico sobre seus fundamentos nem sobre as consequências de suas atividades. Assim, pensando no papel e na importância das análises existenciais de Laing e Cooper, Foucault (1994, v. IV, p. 58) afirma: "a análise existencial nos serviu para delimitar e discernir o que poderia haver de pesado e opressor no olhar e no saber psiquiátrico acadêmico. A antipsiquiatria foi, para o filósofo francês, de fato, uma lufada de vento fresco no interior dos muros dos hospitais psiquiátricos.

São muitos os fatores que levam Foucault a conceder tanto valor ao movimento antipsiquiátrico. No meu entender, um importante aspecto

[63] Formalmente o termo foi cunhado por Cooper, em 1967.

indicado nos textos de Laing e sobretudo de Cooper é a tese de que a esquizofrenia possa ser entendida como resultado de uma opção ou decisão estratégica de certas pessoas diante de um ambiente familiar opressor ou perante toda uma estrutura social adoecida na qual vivem. Foucault, como já vimos, pensa as relações de poder como relações de afrontamento em que estratégias são postas em prática, a todo momento, por todas as partes envolvidas. E, certamente, fica fascinado com a possibilidade de reversão da esquizofrenia, quando antes não havia nenhuma perspectiva de tratamento ou cura. A segunda, decorrente dessa primeira tese, é o questionamento das teses exclusivamente biologistas e médicas sobre as origens das doenças mentais, o que leva à valorização de que existem também componentes sociais e culturais na constituição do processo da loucura como doença. Finalmente, o que talvez mais tenha impressionado Foucault é o processo coletivista e experimental do tratamento, que levou muitos membros da equipe de trabalho terapêutica a tomar a palavra, quando antes eram meros coadjuvantes, como os assistentes sociais, os enfermeiros, os próprios pacientes e suas famílias. Isso acarreta uma diminuição do poder dos psiquiatras (o que talvez explique a reação adversa tão forte que eles têm com a antipsiquiatria), que até então eram os senhores absolutos dos tratamentos nas instituições, assim como das explicações sobre as origens biomédicas das doenças mentais.

Laing e Cooper são compreendidos, portanto, como intelectuais específicos: eles falam de suas experiências terapêuticas, na qualidade de psiquiatras, discutindo os ambientes altamente hierarquizados e restritivos das equipes médicas nas instituições psiquiátricas, e passam a lidar, criticamente, com os campos de problematização delimitados da loucura e da internação. Trabalhando com o risco assumido de estarem num campo particular e fragmentado do real, Laing e Cooper são médicos que questionaram as estruturas de saber-poder psiquiátrico que vigoravam nos anos 1960, e que abriram espaço para o debate sobre novas práticas de convívio num ambiente antes petrificado e hierarquizado, onde mudanças não aconteciam. Para levarem a cabo um saber libertário, Laing e Cooper estabeleceram uma conversação aberta com o mundo direto e imediato que os cercavam, e tentaram trazer novas luzes e alimentar novas práticas e experiências nos hospitais psiquiátricos, sobretudo a partir de suas propostas de se constituírem comunidades terapêuticas, o que levou a experiências difíceis e inovadoras. Foucault (1994, v. IV, p. 84) estava ciente da força desse novo modo de questionar a realidade dos hospitais psiquiátricos:

> [...] se se quer verdadeiramente criar algo de novo ou, em todo caso, se se quer que os grandes sistemas se abram, finalmente, para um certo número de problemas reais, deve-se procurar os

A seguridade social em Michel Foucault

Numa entrevista, Foucault fez uma observação que chama a atenção, quando comentava sobre a racionalidade política posta em prática em nossa época. A passagem é a seguinte: "são evidentes as relações que existem entre a racionalização e os excessos de poder político. E não deveríamos esperar pela burocracia e pelos campos de concentração para reconhecer a existência de tais relações" (FOUCAULT, 1994, p. 224-225). As duas modalidades de racionalização apresentadas, uma ao lado da outra, pelo pensador, não deixam dúvida: os campos de concentração e a burocracia[67] são parte de uma mesma realidade política, são faces, talvez complementares, de um mundo histórico que é o nosso, da modernidade, que existe depois do Iluminismo, no qual o pensamento racional realiza desmedidas anunciadas desde seu nascimento. Por outro lado, o que é ainda mais inquietante, fica sugerido que a burocracia tem a mesma capacidade letal que fizeram dos campos de concentração[68] exemplos de crueldade e de descaso com seres humanos. Seria uma questão de hipersensibilidade filosófica essa vinculação da burocracia com o assassinato em massa? Seria um excesso de Foucault?

Uma das últimas contribuições de Foucault à análise política, para quem é pesquisador de filosofia, ao menos, foi a ideia de governamentalidade. Tal ideia rompe com confusões antigas na filosofia política, sobretudo por fazer uma clara separação entre poder governamental e poder soberano. O poder soberano seria aquele que procura a manutenção do poder a qualquer custo, e que tem como objeto de atuação o povo. Por sua vez, a era da

---

[67] Não seriam, na verdade, burocracias?

[68] E não esqueçamos que, durante a Segunda Guerra, todos os regimes políticos e países tiveram seus campos de concentração, alguns deles com caráter "preventivo", aprisionando a todos, num indeterminado tempo, para não precisar aprisionar depois. Os Estados Unidos são exemplares nesse tipo de discriminação e de exclusão social e política.

governamentalidade inaugura um tipo de Estado que é fundamentalmente gestor. Governar, gerir, planificar, administrar, realizar programas de governo, regular eventuais conflitos e descaminhos do mercado, tudo isso é parte do amplo campo da governamentalidade. O complexo processo de transformações políticas que ocorreram nos últimos quatro séculos, portanto, corresponde à aparição e ao desenvolvimento de uma intricada rede de instituições públicas e privadas que passaram a ter por meta a gestão política dos agentes econômicos e sociais, assim como a gestão da população. A característica da modernidade em política, portanto, "corresponde à governamentalização do Estado" (FOUCAULT, 2004b, p. 112), e este

> [...] não é mais definido por sua territorialidade, mas sim por sua massa: a massa da população, com seu volume, sua densidade, com o território, claro, no qual essa população se espalha, que esse território não é senão um componente. Esse estado de "governamento"[69] lida essencialmente com a população, tem a população como referência e utiliza a instrumentalidade do saber econômico, e corresponde a uma sociedade controlada por dispositivos de segurança (FOUCAULT, 2004b, p. 113).

Eis o nosso tema neste momento: a palavra francesa "securité". Trata-se de uma palavra polissêmica, que indica segurança como polícia, forças armadas, manutenção de soberania, controle sociopolítico, segurança da pátria e das pessoas, mas que também significa seguridade, ou melhor, seguridade social.[70] Sem dúvida, a seguridade social é um dos mais importantes aspectos do Estado de governamentalidade. A massa dos homens sujeitos ao controle racional e à gestão do Estado, a população, é entendida sobretudo como o conjunto dos indivíduos submetidos às técnicas de biopoder. Como alerta Foucault (2004b, p. 12), as técnicas de poder, as tecnologias de controle postas em ação em nossas sociedades, de grande complexidade, vão se fazer "seja por mecanismos que são propriamente mecanismos de controle social, como é o caso da punição penal, seja por mecanismos que têm por função modificar alguma coisa no destino biológico da espécie". A segurança e a seguridade, portanto, são distintas e complementares, existindo inclusive áreas de interseção entre elas, seja em estratégias de exclusão, seja em instituições de intervenção comuns.

Uma precisão: a seguridade social, tal como a entendemos a partir do que dizem os especialistas nesse assunto, engloba um conjunto

---

[69] Utilizo a tradução feita por Alfredo Veiga-Neto, referindo-se ao tipo de governo que atua segundo a governamentalidade.

[70] Em Portugal, por exemplo, fala-se de "segurança social" no mesmo sentido de "seguridade social" ou "previdência social" no Brasil.

dados e as questões ali onde eles estão. Assim, eu não penso que o intelectual possa, apenas a partir de suas pesquisas livrescas, acadêmicas e eruditas, levantar verdadeiras questões a respeito da sociedade na qual vive. Pelo contrário, uma das primeiras formas de colaboração com os não intelectuais está exatamente em escutar seus problemas, e de trabalhar com eles para formulá-los: O que dizem os loucos? O que é a vida num hospital psiquiátrico? Qual é o trabalho de um enfermeiro? Como eles reagem?

Quem tem e deve ter a palavra, quem deve discutir e propor mudanças são as pessoas diretamente concernidas nas questões que os mobilizam, onde elas atuam. São as pessoas comuns, são os diversos profissionais envolvidos numa rotina de trabalho e nas relações de poder que ocorrem onde elas atuam, somente eles podem falar sobre seus problemas e sobre o que deve ser modificado. Ninguém pode falar no lugar dos outros, pois são os profissionais que sabem e conhecem o meio no qual estão e os fatos que ocorrem em seu cotidiano. A vida participativa decorre disso, é uma experiência que se faz no dia a dia que é desafiadora e repleta de questões, de todas as ordens de grandeza, a serem resolvidas, todas elas resultado da participação de todos os que fazem uso da palavra e partem para novas ações. Como lembra Philippe Artières (2011, p. 328): "essa vinculação com a palavra das pessoas decorre, em Foucault, do mesmo questionamento que o levou a escrever a *História da loucura*: 'o que é falar?'. O que afeta Foucault nas agitações do pós-maio de 68 é a tomada da palavra que se opera no movimento". Depois de gerações de silêncio, eis que as pessoas começam a fazer uso da palavra, a falar de seus problemas, a fazer reivindicações, a diminuir as distâncias.

A antipsiquiatria, portanto, representa para Foucault uma forma de experiência de grande valor nas instituições psiquiátricas, cujo maior mérito está em ser uma experimentação nova, que acarreta na constituição de novas problematizações e de novas subjetividades. A partir de uma experiência prático-teórica com participação coletiva, como foi o caso da antipsiquiatria, muitas modificações ocorreram. Afinal, para Foucault, é para isso que existe teoria: para criar um sujeito novo, renovado. Muitos dizem que as experiências com as comunidades terapêuticas redundaram num fracasso. Não é o que pensa o filósofo francês: no amplo movimento articulado, o que entra em jogo não é sua eficácia e sua verdade, mas seu valor criativo e as novas formas de realização de verdades que ele suscitou. A loucura passou a ser, cada vez menos, mero objeto de dominação institucional. Ademais, a divulgação para a sociedade sobre o que se passava nos hospitais psiquiátricos fez do movimento um importante impulsionador de outros movimentos sociais. Foi também fator de transformação da maneira de pensar das pessoas sobre o fenômeno da loucura.

Apesar de ter escrito livros como *História da loucura* e *Nascimento da psiquiatria*,[64] o saber psiquiátrico, sua cientificidade ou sua capacidade curativa nunca foi um verdadeiro objeto de análise do filósofo. Aqui e ali, em seus livros e cursos, ele aponta para linhas teóricas ou ideias morais que se manifestaram no momento da institucionalização das práticas psiquiátricas no início do século XX. No entanto, Foucault nunca se interessou em fazer uma análise epistemológica das nosologias psiquiátricas, nem pelo valor das terapêuticas adotadas nos hospitais psiquiátricos, quando foram institucionalizados, nem percorreu as obras de referência da psiquiatria no século XX para verificar sua pertinência. A psiquiatria e suas práticas interessam ao filósofo sobretudo como fenômenos de alcance social e político. Minha hipótese é a de que Foucault sustentou, ao longo de sua trajetória intelectual, a ideia de que a ordem médica (e psiquiátrica) e a ordem jurídica, em seus contornos mais gerais, se aliaram e se reforçaram mutuamente,[65] dando origem a uma complexa teia de práticas e de instituições de controle. No *História da loucura*, texto de juventude do filósofo, já se encontra esta passagem lapidar: "É certo dizer que é apoiada numa experiência jurídica da alienação que a ciência médica das doenças mentais se constituiu" (FOUCAULT, 1961, p. 144). Adiante, no mesmo texto, Foucault reforça sua tese: "É sob a pressão dos conceitos do direito, e da necessidade de delimitar o que era, precisamente, a personalidade jurídica, que a análise da alienação nunca parou de se refinar e antecipa teorias médicas que a seguem, bem depois" (1961, p. 144-145). Claro que tal conexão não se deu sem alguns conflitos e pendências, esporádicos e localizados. Mas a cumplicidade da medicina com o direito, que se reflete diretamente nas instituições psiquiátricas, nas prisões, nas famílias, escolas, etc., é fato constitutivo da era da governamentalidade e da gestão biopolítica das populações. E isso merece um olhar advertido, alerta e, quando necessário, denúncia.[66]

---

[64] A diferença entre as obras decorre de opção metodológica e do pano de fundo analítico.

[65] Numa relação institucional que também se fez por conflitos e momentos de afrontamento.

[66] Foi nesse estado de espírito que Foucault (1994, v. IV, p. 537), numa entrevista, reagiu com veemência à hostilidade dos psiquiatras a suas análises: "eu nada mais fiz que escrever a história da psiquiatria até o início do século XX. Por que diabo tantas pessoas, inclusive psiquiatras, enxergam em mim um antipsiquiatra? Pela simples razão de que eles não são capazes de aceitar a verdadeira história de suas instituições, o que, evidentemente, é sinal de que a psiquiatria é uma pseudociência. Uma verdadeira ciência é capaz de aceitar as pequenas histórias infames de suas origens".

complexo e interligado de instituições, com amplos efeitos econômicos face às populações, tais como a Previdência Social, a Assistência Social e a Saúde Pública, e seu lugar nas estruturas políticas e econômicas na modernidade é gigantesca.[71] São muitas áreas de atuação e aspectos que fazem parte de sua estrutura: assistência médica, perícia médica, pensões (por velhice, antiguidade, invalidez), compensação a trabalhadores, auxílio-desemprego,[72] bolsa-família, entre outros. O somatório desses aspectos fazem do sistema de seguridade social algo tão grande que seu orçamento, e muitas vezes, seu *déficit*, chega a ser maior que a própria arrecadação do país no qual existe. Por isso, não seria errado pensar que o sistema de seguridade social encerra nele mesmo grande parte do dispositivo biopolítico, no entender do filósofo.[73]

Todo pesquisador de Foucault sabe de sua escolha por temas específicos da vida social, que são uma opção metodológica: a análise de processos sociais tais como "a loucura, a morte, o crime, a sexualidade, etc." (FOUCAULT, 1994, v. IV, p. 225) revelam, na verdade, práticas e experiências sociais e políticas que são portas de entrada para a compreensão das relações de poder em curso na modernidade, malgrado sua aparente especificidade. Tais práticas sociais poderiam ser entendidas como campos "cinzentos", ou seja, poderiam ser vistos como campos pouco relevantes para a análise política, ditos "menores" ao ver de muitos analistas em filosofia política e em teoria política. Mas eles nunca são sem amplo alcance; ora, a loucura, a criminalidade, sobretudo a morte, são fatos sociais de grande ressonância. Todavia, nenhum campo se compara, em magnitude, à seguridade social, uma vez que ela diz respeito a toda a população, pelo sim ou pelo não.

---

[71] As leituras sobre o papel da seguridade são contraditórias. Uma corrente defende que houve uma humanização da qualidade de vida dos trabalhadores, ativos ou inativos, enquanto que outra corrente alerta para o fato de que tais direitos saíram do confisco de parte de seus salários, retirados no decurso de sua vida como trabalhador ativo. Nesse segundo caso, a preocupação do governo, assim como dos empresários e patrões é com "a saúde do trabalhador", logo com a continuidade da produção e com o aumento do lucro.

[72] Sobre o tema, há o livro de Maurizio Lazzaratto intitulado *Experimentations politiques*, indicado nas Referências.

[73] A hipótese trazida por Passetti (2011, p. 133) abre novos horizontes ao campo de análise no momento presente, século XXI: "nesta era, não se governa somente a população. Há um novo alvo: o planeta e a vida dentro e fora dele. Emerge uma ecopolítica de controle do meio ambiente, com sustentabilidade, combinada com a biopolítica herdada da sociedade disciplinar. Estamos na era da combinação da estatística como saber de Estado com a propriedade de informações minuciosas sobre pessoas e seus espaços interiores, flora e fauna, superfície e profundidade, a partir de um deslocamento da perspectiva para o espaço sideral".

Numa entrevista de 1977, intitulada "Michel Foucault: la sécurité et l'état", o filósofo fala dessa posição especial da seguridade social no mundo político contemporâneo. Vamos à citação:

> O que acontece hoje? A relação entre o Estado e a população se faz essencialmente sob a forma do que poderíamos chamar de "pacto de segurança". Antigamente o Estado podia dizer "eu vou dar um território a vocês", ou: "eu garanto a vocês que todos vão poder viver em paz dentro de nossas fronteiras". Hoje, o problema das fronteiras não é mais tematizado. O que o Estado propõe como pacto para a população é: "vocês estarão seguros (terão garantias)". Seguros contra tudo o que possa ser tido como incerteza, acidente, dano, risco. Você está doente? Há a Seguridade Social! Você está sem emprego? Você receberá um seguro desemprego! Há uma crise catástrofe? Criaremos um fundo de solidariedade! Há delinquentes? Vamos assegurar para que se enquadrem, e também uma boa ronda policial (FOUCAULT, 1994, v. III, p. 385).[74]

Nesse trecho fica indicado o caráter complementar da seguridade com a segurança, e existe um vínculo direto entre as duas modalidades de gestão das populações que trabalham em prol da boa ordem social.

Numa breve passagem de um texto de 1974, publicado no Brasil, texto 141 do *Dits et écrits*,[75] Foucault (1994, v. II, p. 662) nos fala que está para ser feita a "história do conjunto dos pequenos poderes que se impõem a nós, que domesticam nossos corpos, nossa linguagem e nossos hábitos, enfim de todos os mecanismos de controle que se exercem sobre os indivíduos". Ele também menciona toda uma organização da vida dos operários e das classes populares segundo uma moral da sobriedade e da poupança, que no fundo indicaria que, "dizendo de outra maneira, a moralidade imposta do alto torna-se uma arma em sentido inverso" (FOUCAULT, 1994, v. II, p. 664), quando as classes mais baixas passam a reivindicar moradia, educação, cuidados médicos. O cerne da entrevista foi o fato de a acumulação criada com tais poupanças ser uma real fonte de lucro para as classes altas e fator de normalização da vida das classes populares.[76] É nesse contexto que se inicia a estruturação do sistema de

---

[74] Agradeço ao Prof. Cesar Candiotto pela indicação desse texto e dessa passagem. Trata-se do texto 213 do *Dits et écrits*.

[75] Trata-se do texto "Folie, une question de pouvoir".

[76] No *Nascimento da biopolítica*, Foucault observa que, na economia de bem-estar, surgem modalidades de consumo disseminadas, espalhadas na vida social: "aparição de uma forma que podemos chamar de consumo socializado ou consumo coletivo: consumo médico, consumo cultural, etc." (FOUCAULT, 2004a, p. 147). Não se pode desprezar, portanto, o alcance das

seguridade social, que existe segundo a lógica do capitalismo, reproduzindo a hierarquia e a desigualdade social. O que explica uma passagem determinante do *Nascimento da biopolítica*, segundo o qual não compete ao Estado contemporâneo interferir nas estruturas sociais: "uma política social não pode adotar a igualdade como objetivo. Pelo contrário, ela deve deixar a desigualdade agir" (FOUCAULT, 2004b, p. 148).[77]

Essa é a razão pela qual existem indivíduos e grupos que não participam do sistema de seguridade social. Destes, há os que são muitos ricos, excessivamente protegidos pelo dinheiro, e os muitos pobres, demasiado vulneráveis pela falta de recursos, o que faz a grande diferença. Os ricos não participam do sistema de seguridade social, uma vez que não necessitam; os demasiado pobres e sem poder de pressão social, por sua vez, estão desprovidos de todo e qualquer direito à cobertura social.

No meio termo, existem os assistidos ou cobertos pelo sistema de seguridade, porém, há enormes diferenças, se não distorções, devido aos diferentes grupos de influência que determinam os padrões, os valores e a qualidade do atendimento (e até mesmo tempos diferenciados de contribuição para obterem uma aposentadoria, a título de exemplo). Estamos diante de uma intervenção social que nada tem em seu horizonte a não ser as determinações feitas a partir da inclusão de categorias e grupos sociais que, de algum modo, foram admitidos no quadro daqueles que são social e economicamente passíveis de serem cobertos e assistidos.

Os sistemas de seguridade social, geralmente, não deixam de ter efeitos na vida econômica dos países onde atuam. Não são, portanto, instituições neutras. Podem, em muitos casos, reproduzir, reforçar e até mesmo constituir diferenças sociais que resultam dos grupos de pressão sociais que interferem no sistema de seguridade social em busca de privilégios e ganhos adicionais, resultado de seu poder de barganha político. Alguns especialistas indicam os mais ativos, em função de seu ativismo histórico: 1) os que fazem as leis (membros do legislativo); 2) os que executam as leis (membros do judiciário, das forças armadas e de setores policiais de elite); 3) servidores públicos federais; 4) trabalhadores urbanos ou operários sindicalizados; 5) trabalhadores braçais (maioria da população). São esses, de maneira geral, os segurados pela cobertura social, num grande universo de pessoas. Claro, muitos estão fora desse

contribuições em prol da cobertura social no desenvolvimento do sistema financeiro, num processo iniciado no século XIX, e que segue até hoje.

[77] A desigualdade não é um fato insuperável e irreversível para Foucault; ele apenas faz uma constatação do que se passa no mundo regido pelo capital.

"guarda-chuva", por opção pela independência ou, como já assinalamos, por não poderem ser dependentes do sistema de seguridade (e estes constituem a imensa maioria).

Foucault chega a analisar, nas aulas de 14 de fevereiro de 1979 e de 7 de março de 1979, os modelos alemão e francês de seguridade social. O primeiro privilegia o salário como salvaguarda contra os riscos inerentes à vida,[78] enquanto, no modelo francês, de caráter coletivista, advindo do fim da Segunda Guerra Mundial, "considerava-se que cabia a toda a coletividade cobrir os infortúnios dos indivíduos" (FOUCAULT, 2004a, p. 203). Todavia, ressaltamos que todos os modelos de seguridade, se pretendem afastar os riscos[79] aos quais todos os indivíduos estão expostos, não o fazem igualitariamente ou, o que é ainda mais importante ressaltar, tampouco o fazem universalmente.[80] Não são poucos os que não são cobertos pelo seguro social, como o lumpemproletariado, os camponeses e prestadores de serviços urbanos (por exemplo, os biscateiros). Segundo especialistas em seguridade social, como Carmelo Mesa-Lago (1977, p. 44), "a única proteção que existe para o não assegurado é a assistência do Estado ou a caridade pública. Essa assistência foi concedida, na maioria dos casos, mais como uma consequência da preocupação pública no que se refere à difusão de doenças contagiosas do que como uma resposta a pressões [sociais]". Segundo ele, a assistência social, ou a caridade, não são instrumentos de boa vontade: na verdade visa ao controle de endemias e epidemias. O não assegurado, logo, um pobre, é objeto de atenção social e de cuidados porque porta em seu corpo riscos à sociedade organizada e civilizada. É

[78] Observe-se a seguinte passagem do *Naissance de la biopolitique*, no qual fica claro que o Estado liberal alemão (e outros) não interpela a população para realizar sua política social, assim como sua política de seguridade social: "o instrumento dessa política social, se é que podemos chamar isso de política social, não será socialização do consumo e da renda [...] Vai-se pedir à sociedade, ou antes, à economia, simplesmente para fazer com que todo indivíduo tenha rendimentos suficientemente elevados, de modo a que possa, seja diretamente e a título individual, seja pela intermediação coletiva das sociedades de ajuda mútua, se garantir por si mesmo contra os riscos que existem, ou também contra essa fatalidade da existência que são a velhice e a morte, a partir do que constitui sua própria reserva privada [...] É o que os alemães chamam de 'política social individual', em oposição à política social socialista. Trata-se de uma individualização da política social pela e na política social, em vez de ser a coletivização e socialização pela e na política social. Em suma, não se trata de assegurar aos indivíduos uma cobertura social dos riscos, mas de conceder, a cada um, uma espécie de espaço econômico dentro do qual eles possam assumir e enfrentar os riscos" (FOUCAULT, 2004a, p. 149-150).

[79] O risco é um dos temas analisados por André Duarte em seu livro *Vidas em risco*, que está nas Referências.

[80] No início do século XXI, nos países mais ricos, incluindo o Brasil, quatro a cada dez pessoas não estão cobertas pelo sistema de seguridade.

um pária, uma espécie de bárbaro, carrega o perigo biológico, e pode ser vítima, a qualquer momento, da violência do Estado.

Ainda no *Nascimento de biopolítica*, aula de 7 de março, Foucault lembra de duas críticas moralizantes feitas ao Estado na modernidade. A primeira delas é a tendência ao crescimento excessivo, enquanto que a segunda, associada à primeira, é a tendência à violência que habita e repousa em suas entranhas, sem nunca desaparecer. Passemos a palavra ao filósofo: "o Estado e seu crescimento indefinido, o Estado e sua onipresença, o Estado e seu desenvolvimento burocrático, o Estado com os gérmens de fascismo que ele contém, o Estado e sua violência intrínseca sob seu paternalismo providencial" (2004b, p. 192). Observe-se que, uma vez mais, violência e burocracia, nessa passagem, são postas lado a lado, num Estado que é providencialista.[81] Quanto à segunda crítica moralizante, Foucault (2004b, p. 193) é incisivo, uma vez que ele enxerga nas diversas modalidades de Estado "um parentesco, uma espécie de continuidade genética, de implicação evolutiva entre as diferentes formas de Estado: o Estado administrativo, o Estado-providência, o Estado burocrático, o Estado fascista, o Estado totalitário, sendo tudo isso, conforme as análises, mas isso pouco importa, ramos sucessivos de uma única e mesma árvore que cresceria em sua continuidade e unidade, a grande árvore estatal". A imbricação entre Estado providencial, burocrático e agressivo, na visão de Foucault, não é arbitrária. Burocracia, seguridade e violência estão irmanadas no desenvolvimento do Estado, que age segundo a lógica da governamentalidade.[82]

Em outra entrevista publicada nos *Dits et écrits*, há um texto que chama a atenção, pois saiu em uma revista de seguridade, a *Securité sociale, l'enjeu*.[83] Como é um texto datado na época de seus últimos cursos no Collège de France, ele acaba sendo uma referência importante no contexto de sua obra. Por sinal, a análise desenvolvida no breve texto não adere tanto à esfera da economia, e está mais em sintonia com o caráter filosófico de seus trabalhos. Foucault (1994, v. IV, p. 369), por exemplo, fala do que o

---

[81] Trata-se, portanto, de um Estado provedor, assistencialista, que nada tem em comum à noção hegeliana de Estado conforme a razão universal. O Estado providencialista, todavia, age paradoxalmente, pode assistir mas também pode perpetrar violências contra sua própria população. Tal aspecto paradoxal é analisado por Foucault no *Em defesa da sociedade* ou *Genealogia del racismo*, nome da edição em espanhol.

[82] Foi o caso da França, que passou a ver seu sistema de seguridade, ao longo das décadas, assim como sua economia, em crise, e passa a adotar crescentemente o modelo alemão. Ver aula de 7 de março de 1979, edição brasileira, p. 266 (na edição francesa, p. 198).

[83] Vale a pena lembrar que esse texto-entrevista refere-se, sobretudo, ao sistema de seguridade social francês.

sistema de seguridade poderia ser (e de fato não é) se colaborasse positivamente para o exercício da autonomia e liberdade dos indivíduos: "existe uma demanda positiva: a da seguridade que abrisse as vias para relações mais ricas, numerosas, diversificadas e mais leves consigo mesma e com seu meio, assegurando a todos uma autonomia real. É um fato novo que deveria pesar nas concepções atuais no tocante à proteção social". Aparentemente é certa relação entre a parrésia e o sistema de seguridade que surge como tema de Foucault, o que o leva a se afastar da análise econômica e social para se debruçar sobre uma "espécie de interface, por um lado, entre a sensibilidade das pessoas, suas escolhas morais, suas relações com elas mesmas e, por outro lado, as instituições que as cercam. É daí que nascem disfunções, problemas e, talvez, crises" (FOUCAULT, 1994, v. IV, p. 369). No decurso da entrevista, é a questão da dependência e da independência das pessoas, face ao sistema de seguridade, que constitui o eixo da análise, e o sistema de seguridade revela-se um fator a mais de produção de assujeitamento, logo de perda de autonomia: "o sistema de cobertura social, de fato, beneficia o indivíduo somente quando ele se vê *integrado*, seja num meio familiar, seja num meio de trabalho, seja num meio geográfico" (FOUCAULT, 1994, v. IV, p. 369). O segurado, no geral, é o bom moço, o cidadão pacato, o trabalhador infatigável e honesto que pede pouco, que não resiste ao jogo de poder instituído, que não participa nem deseja participar das instâncias de decisão que se dão fora de seu conhecimento e que determinam sua vida.

O sistema de seguridade, por outro lado, pode enrijecer certos mecanismos, obrigando as pessoas a se adequarem a suas determinações, ou a pagarem o preço em caso de inadequação: "nossos sistemas de cobertura social impõem um modo de vida determinado através do qual os indivíduos tornam-se assujeitados, e toda pessoa ou grupo que, por alguma razão, não quer ou não pode ter esse modo de vida é marginalizado, devido ao próprio jogo das instituições" (FOUCAULT, 1994, v. IV, p. 371-372). O sistema de seguridade social realiza uma dupla chantagem, primeiro obrigando os indivíduos a se assujeitarem para passarem a estar "cobertos" pelo sistema, e, por outro lado, podendo fazer com que eles passem a estar desamparados, ou seja, para fora das garantias, seja por uma decisão administrativa, seja por uma mudança nos regulamentos e nos procedimentos burocráticos, seja por uma arbitragem médica ou por uma decisão judicial. Foucault (1994, v. IV, p. 396) alerta que, nesse caso, trata-se de uma dupla dependência: observa-se, com efeito, uma dependência *por integração* e uma dependência *por marginalização ou por exclusão*". Foucault não estaria falando, nessa passagem, de uma inclusão excludente?

A situação, por sua vez, fica mais complicada quando se constatou, no decurso do século XX, que existe um descompasso crescente entre as possibilidades de atendimento do sistema e as expectativas das pessoas, desejos e anelos de segurança formados, na maioria dos casos, a partir do próprio sistema, que promete mais do que pode cumprir, e que mente. Para Foucault, sistema de seguridade é finito diante de uma demanda infinita, e a estratégia de sobrevivência do sistema acaba por se revelar com muitas faces perversas; nelas, as aspirações dos indivíduos não são levadas em conta, são desprezadas, e os indivíduos são vítimas potenciais dos rigores burocráticos e de determinações puramente econômicas.[84] Os exemplos que o filósofo nos fornece são afirmações dos funcionários do sistema de seguridade conhecidas por todos os que usam ou utilizaram planos de saúde privados ou públicos, justamente em casos de urgência ou de necessidade: "Vocês não têm mais direito a esse procedimento", "Vocês não terão mais direito, a partir de agora, de fazer certas cirurgias", "Você tem que pagar parte do custo da cirurgia" e, no limite, talvez o cúmulo da insensibilidade burocrática, "Não adianta nada prolongar sua vida por mais três meses. Vamos deixar você morrer". São exemplos cabais do distanciamento existente entre os centros de tomada de decisão e as pessoas. Ademais, quando ocorrem reações mais veementes a tais decisões, passa-se da esfera burocrática para a ordem policial. Um fato é certo: pessoas podem passar a ser e são crescentemente levadas para a condição de desassistidas. A propósito, Foucault (1994, v. IV, p. 378) se pergunta: "a questão que surge no momento presente é a de saber como as pessoas vão aceitar ser expostas a certos riscos sem conservar os benefícios de uma cobertura do Estado-providência". A vulnerabilidade das pessoas seguradas piora, ainda mais, quando os indivíduos passam a ser responsabilizados e muitos são deixados à própria sorte porque têm um modo de vida ou doenças que implicam riscos, e mesmo assim não realizam os comportamentos que lhes são exigidos. Enfim, são inúmeros os problemas que todas as pessoas enfrentam diante das constantes modificações regimentais e jurídicas, quase que exclusivamente pró-sistema, da cobertura social.

A vida é um frágil acontecimento. Hoje está à mercê de decisões burocráticas, jurídicas e médicas e de um conjunto de leis e regulamentos que é móvel e instável. Seguridade e insegurança, portanto, não se excluem, e todo um jogo temerário se desenvolve num horizonte sempre

---

[84] Ficarei apenas em alguns aspectos desse problema, e deliberadamente deixarei de lado aspectos como a judicialização da vida, a medicalização das pessoas, a assepsia e hospitalização da morte, os negócios em torno dos enterros, entre muitos outros.

reatualizável de normas e decisões cada vez mais enrijecidas. Sempre um novo campo de excluídos surge a cada nova decisão médico-burocrática, e nele estão pessoas colocadas na potencial condição de elimináveis, por não mais serem assistidos em certas necessidades ou expectativas. E, nesse caso, a pergunta faz sentido: não seria nessa configuração histórica que campos de concentração e burocracia se assemelham? Na atualidade o sistema de seguridade burocrático não desempenharia o papel, sereno, frio e calculista, característico da burocracia, de deixar viver e fazer morrer?

As potências da liberdade

Uma expressão: "relações de poder". Nela está sintetizada um conceito essencial do pensamento da maturidade intelectual de Michel Foucault: para ele, os exercícios de poder são feitos nos pequenos acontecimentos, apresentam-se no plural, nas diferentes faces da vida cotidiana, ocorrem nas grandes decisões macropolíticas e também estão nos quase infinitos aspectos das relações sociais nos quais as pessoas agem e se interferem de modo voluntário ou não, a cada dia de suas vidas, consciente ou inconscientemente, constituindo complexas redes de relações de poder. Foucault abandona, portanto, uma tradição da filosofia política iniciada no século XVIII, e que se manteve quase sem modificação até meados do século XX, exceção feita aos teóricos do pensamento anarquista. Segundo a tradição do pensamento liberal ou socialista, malgrado suas diferenças de coloração ideológica, sempre se apresenta o poder como residindo no Estado. O poder central do Estado, no caso do liberalismo, é entendido como resultado de um contrato social; por outro lado, no caso do marxismo, como decorrência das classes dominantes. Segundo Foucault, pelo contrário, numa leitura contemporânea e inovadora, fora da tradição da filosofia política, e muito além dela, são nos pequenos, insignificantes e não menos importantes campos micropolíticos do poder que se fazem as práticas efetivas a partir das quais podemos observar e compreender os diversos exercícios de poder postos em prática em nossas sociedades.

Foucault sustenta que as diferentes técnicas de poder são consequências de distintas dinâmicas sociais e históricas, e é nesse sentido que ele afirma ter uma posição "nominalista". As dimensões microfísicas das inumeráveis relações de poder, ademais, levam Foucault a adotar uma perspectiva de suspensão do juízo (*epoché*) no que se refere aos começos e traços originários da vida social e política. Nada de determinação e saturação das formas de exercício do poder; antes disso, o que é do mundo da política, dos lances estratégicos entre os combatentes dos diversos posicionamentos "políticos" em confronto, é um campo de acontecimentos advindo de instabilidades, casualidades, surpresas.

Se existem estruturas de poder hegemônicas, se algumas modalidades de poder duram muito tempo, séculos talvez, nada disso justifica que possamos falar de estruturas de poder imutáveis. As relações de poder são dinâmicas, uma vez que são relações de força e necessitam, desde seu momento constitutivo, de afrontamento, de transformação, de mudanças: "de fato, o que define uma relação de poder é que é um modo de ação que não age direta e imediatamente sobre os outros, mas que age sobre sua própria ação. Uma ação sobre uma ação, sobre ações eventuais ou atuais, futuras ou no presente" (FOUCAULT, 1994, v. IV, p. 236). De fato, as relações de poder tornam possíveis muitas ações e reações, o que leva à fluidez e mudanças nos campos de força que caracterizam os poderes em suas danças constantes. Por esse motivo, a configuração de poder de uma sociedade, portanto, é feita de inúmeras forças livres que intervêm, a todo momento e sem descanso, nas variadas relações de poder nela existentes.

Ao forjar o termo "relações de poder", Foucault consegue ampliar consideravelmente o campo no qual ocorrem os exercícios de poder. Eles se dão tanto no âmbito microfísico como no macrofísico, e não existe instituição ou pessoa que não exerça, de muitos modos, algum tipo de papel, ativo ou passivo (e isso de maneira muito dissimétrica), no vasto universo das práticas de poder. São muitos os poderes, seus escopos e suas modalidades de funcionamento: podem ser políticos, educacionais, culturais, epistemológicos, psicológicos, médicos, jurídicos, numa lista sem fim. Pensemos, neste momento, apenas nas individualidades: na verdade, os indivíduos exercem e praticam inúmeras modalidades de poder, no dia a dia, muitas vezes contraditórias e simultâneas, o que parece indicar que não há lado de fora do poder. Todos nós, em algum âmbito, circunstância, momento, damos lances nos jogos do poder, nas diferentes escalas e dimensões da vida social e política. Um chefe de Estado, um dono de negócios extremamente rico, um miserável perdido nas grandes cidades, o mais despossuído dos homens, todos praticam alguma forma de poder nas relações que estabelecem com as outras pessoas e consigo mesmos. Não é o modelo do Panóptico[85] que mobiliza o filósofo francês. Tampouco a governamentalidade e o neoliberalismo

---

[85] Nos *Dits et écrits*, v. IV, Foucault reage com indignação aos que tentam fazer de sua análise uma constatação da força insuperável da sociedade de controle, que manipularia as consciências, as condutas, os corpos, as populações.

são modos acabados e insuperáveis da gestão de poder na modernidade. Segundo nossa hipótese, no pensamento de Foucault, as gestões governamentais e as tecnologias de poder estão circundados de relações de força suscetíveis de se modificarem, em escala infinitesimal, a todo momento. Se, de um lado, estão a governamentalidade, o controle, o biopoder, de outro lado estão as resistências ao poder e as manifestações da liberdade. Nesse campo de tensão surge, a todo instante, novas estratégias de luta, e é por essa razão que Foucault (1994, v. IV, p. 242) afirma: "o ponto mais importante, evidentemente, é a conexão entre as relações de poder e as estratégias de afrontamento.

A análise torna-se francamente propositiva:

> Creio que há mil coisas para fazer, para inventar, para forjar, em especial para aqueles que, percebendo as relações de poder nos quais estão implicados, decidiram resistir ou escapar. Sob este ponto de vista, minha pesquisa se apoia no postulado de um otimismo absoluto. Eu não faço pesquisas para dizer: eis como são as coisas, vocês estão dominados. Eu só falo sobre essas coisas na medida em que considero que isso permite transformá-las. Tudo o que faço é para que isso aconteça (FOUCAULT, 1994, v. IV, p. 93).

O que é central são as potências da liberdade: "nesse jogo, a liberdade intervém como condição de existência do poder (ao mesmo tempo que é sua condição prévia, porque é necessário que haja a liberdade para que o poder se exerça, como seu suporte permanente, porque se ela [a liberdade] se furtasse inteiramente ao poder que se exerce sobre ela, ela desapareceria de imediato e encontraria seu substituto na coerção pura e simples da violência)" (FOUCAULT, 1994, v. IV, p. 238). A liberdade é uma força de extrema plasticidade, que pode se manifestar abertamente, mas que também pode adormecer, entrar em desuso, converter-se a tal ponto que vira uma força a serviço da dominação do poder. A força da liberdade sempre pode emergir e tornar autônomo quem antes foi minor e assujeitado, criando uma livre relação do indivíduo consigo mesmo e com os demais, e marcando a ascendência e superioridade dos indivíduos que carregam em si mesmos a exuberância da vida.

Referências

AGAMBEN, G. *État d'exception, Homo sacer*. Paris: Seuil, 2003.

AMARANTE, P. Forças e diversidade: as transformações na saúde e na loucura. In: CASTELO BRANCO, G.; BAETA NEVES, L. F. (Orgs.). *Michel Foucault: da arqueologia do saber à estética da existência*. Rio de Janeiro: NAU/EDUEL/CCBB, 1999.

ARTIÈRES, P. Uma política menor: o GIP como lugar de experimentação política. In: CASTELO BRANCO, G.; VEIGA-NETO, A. (Orgs.). *Foucault: filosofia & política*. Belo Horizonte: Autêntica, 2011.

BERNARDES, R. C. O. *Racismo de Estado*. Curitiba: Juruá, 2013.

BRÉHIER, E. *A teoria dos incorporais no estoicismo antigo*. Belo Horizonte: Autêntica, 2012.

BRÉHIER, E. *La théorie des incorporels dans l'ancien stoïcisme*. Paris: Vrin, 1982.

CANDIOTTO, C. *Foucault e a crítica da verdade*. Belo Horizonte: Autêntica, 2010.

CASTEL, R. *L'insecurité social*. Paris: Seuil, 2003.

CASTELO BRANCO, G. (Org.). *Terrorismo de Estado*. Belo Horizonte: Autêntica, 2013.

CASTELO BRANCO, G. Anti-individualismo, vida artista: uma análise não fascista de Michel Foucault. In: RAGO, M.; VEIGA-NETO, A. (Orgs.). *Para uma vida não fascista*. Belo Horizonte: Autêntica, 2009.

CASTELO BRANCO, G. Atitude-limite e relações de poder: uma interpretação sobre o estatuto da liberdade em Michel Foucault. *Verve*, São Paulo, n. 13, p. 202-216, 2008.

CASTELO BRANCO, G. Foucault. In: PECORARO, R. (Org.). *Os filósofos clássicos da Filosofia*. Rio de Janeiro: Editora PUC-Rio; Vozes, 2009. v. III.

CASTELO BRANCO, G. Ontologia do presente, racismo, lutas de resistência. In: PASSO, I. F. (Org.). *Poder, normalização e violência*. Belo Horizonte: Autêntica, 2008.

CASTELO BRANCO, G.; VEIGA-NETO, A. (Orgs.). *Foucault: filosofia & política*. Belo Horizonte: Autêntica, 2011.

CHÂTELET, F. *Lógos e práxis*. Rio de Janeiro: Paz e Terra, 1972.

DETIENNE, M. *Les maîtres de la vérité dans la Grèce archaïque*. Paris: Libriairie Générale Française, 2006.

DUARTE, A. Foucault e as novas figuras da biopolítica: o fascismo contemporâneo. In: RAGO, M.; VEIGA-NETO, A. (Orgs.). *Para uma vida não fascista*. Belo Horizonte: Autêntica, 2009.

DUARTE, A. *Vidas em risco: crítica do presente em Heidegger, Arendt e Foucault*. Rio de Janeiro: Forense Universitária, 2010.

FOUCAULT, M. *Dits et écrits: 1954-1988*. Paris: Gallimard, 1994.

FOUCAULT, M. *Folie et déraison: histoire de la folie à l'Âge Classique*. Paris: Plon, 1961.

FOUCAULT, M. *Genealogia del racismo*. La Plata: Altamira, 1996.

FOUCAULT, M. *Gouvernement des vivants*. Paris: Seuil, 2012.

FOUCAULT, M. *Histoire de la sexualité*. Paris: Gallimard, 1976. v. I: La volonté de savoir.

FOUCAULT, M. *Histoire de la sexualité*. Paris: Gallimard, 1984. v. II: L'Usage des plaisirs.

FOUCAULT, M. *Histoire de la sexualité*. Paris: Gallimard, 1984. v. III: Le souci de soi.

FOUCAULT, M. *Il faut défendre la société*. Paris: Gallimard; Seuil, 1997.

FOUCAULT, M. *L'Archéologie du savoir*. Paris: Gallimard, 1969.

FOUCAULT, M. *L'Herméneutique du sujet*. Paris: Gallimard; Seuil, 2001a.

FOUCAULT, M. *L'Ordre du discours: leçon inaugurale du Collège de France, 2 déc. 1970*. Paris: Gallimard, 1971.

FOUCAULT, M. *Le courage de la vérité*. Paris: Gallimard; Seuil, 2009.

FOUCAULT, M. *Le gouvernement de soi et des autres*. Paris: Gallimard, 2008.

FOUCAULT, M. *Le pouvoir psychiatrique*. Paris: Gallimard; Seuil, 2003.

FOUCAULT, M. *Les anormaux*. Paris: Gallimard; Seuil, 1999.

FOUCAULT, M. *Les mots et les choses: une archéologie des sciences humaines*. Paris: Gallimard, 1966.

FOUCAULT, M. *Mal faire, dire vrai: Fonction de l'aveu en justice. Cours de Louvain, 1981*. Louvain-la-Neuve: Presses Universitaires de Louvain, 2012.

FOUCAULT, M. *Naissance de la biopolitique*. Paris: Gallimard; Seuil, 2004b.

FOUCAULT, M. *Naissance de la clinique. une archéologie du regard médical*. Paris: Presses Universitaires de France, 1962.

FOUCAULT, M. *Resumés des cours au Collège de France*: 1970-1982. Paris: Julliard, 1989.

FOUCAULT, M. *Sécurité, territoire, population*. Paris: Seuil, 2004a.

FOUCAULT, M. *Surveiller et punir. Naissance de la prision*. Paris: Gallimard, 1975.

GARCÉS, M. *En las prisiones de lo posible*. Barcelona: Bellaterra, 2002.

GROS, F. *États de violence: essai sur la fin de la guerre*. Paris: Gallimard, 2006.

GROS, F. *Michel Foucault*. 4. ed. Paris: PUF, 2010.

KANT, I. *Critique de la faculté de juger*. Paris: Gallimard, 1967.

KANT, I. *La philosophie de l'histoire*. Paris: Plon, 1972.

LAZARATTO, M. *Experimentations politiques*. Paris: Amsterdam, 2009.

MACHADO, R. *Foucault, a ciência e o saber*. Rio de Janeiro: Vozes, 2006.

MARTÍNEZ, H. (Org.). *Poder e política: horizontes de antagonismo*. Curitiba: CRV, 2010.

MESA-LAGO, C. *Modelos de seguridad social en América Latina*. Buenos Aires: Siap-Planteos, 1977.

PASSETI, E. *Ética dos amigos, invenções libertárias da vida*. São Paulo: Imaginário; CAPES, 2003.

PASSETTI, E. *Ecopolítica*: Procedências e emergência. In: CASTELO BRANCO, G.; VEIGA-NETO, A. (Orgs.). *Foucault: filosofia & política*. Belo Horizonte: Autêntica, 2011.

PORCEL, B. (Org.). *La filosofía política contemporánea y sus derivas en la constituición de las subjetividades*. Rosario: Laborde, 2012.

RAJCHMAN, J. *A liberdade da filosofia*. Rio de Janeiro: Zahar, 1987.

SARDINHA, D. *Ordre et temps dans la philosophie de Foucault*. Paris: L'Harmattan, 2011.

TEMPLE, G. *Acontecimento, poder e resistência em Michel Foucault*. Cruz das Almas: UFRJ, 2013.

VEYNE, P. *Foucault: seu pensamento, sua pessoa*. Rio de Janeiro: Civilização Brasileira, 2011.

ZAGARI, A. *Soberanía y gobernamentalidad*. Buenos Aires: EDUSAL, 2011.

O autor

Guilherme Castelo Branco

Professor do Departamento de Filosofia da Universidade Federal do Rio de Janeiro desde 1980. Realiza ensino, pesquisa e orientação no Programa de Pós-Graduação em Filosofia. Líder do Laboratório de Filosofia Contemporânea da UFRJ. Membro do Núcleo de Sustentação do Grupo de Trabalho Pensamento Contemporâneo/ANPOF. Pesquisador do CNPq. Pesquisador da FAPERJ. Coordenador no Brasil do Projeto PPUA Filosofia Política (República Argentina – Rede Argentina, Brasil, México, Espanha). Tem experiência na área de Filosofia, com ênfase em Filosofia Contemporânea. Membro do Conselho Editorial da Autêntica Editora e da Comissão Editorial da Coleção Estudos Foucaultianos/Autêntica. Chefe de Departamento de Filosofia da UFRJ, biênio 2014/2015.

Este livro foi composto com tipografia Bembo e impresso
em papel Off Set 75 g/m² na gráfica Rede.